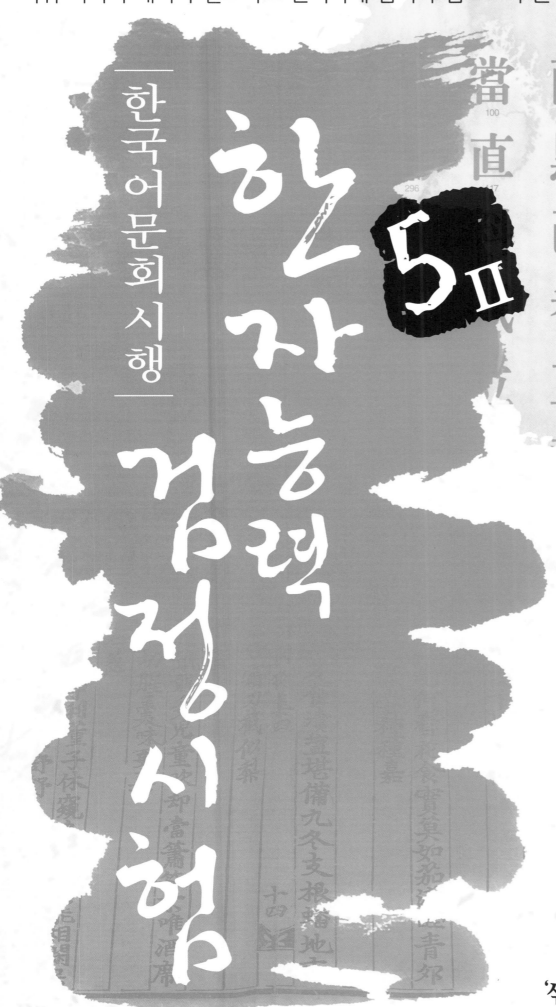

─한국어문회시행─

한자능력검정시험

5 II

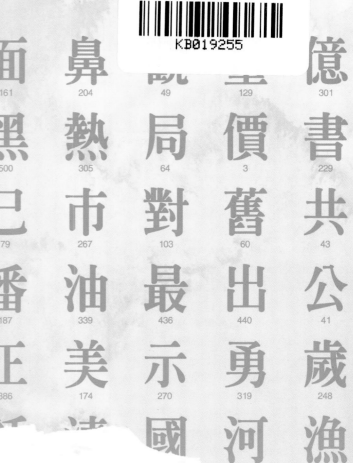

기본서 + 문제집

◈ 각 유형별 상세정리 17P
◈ 섞음 漢字 12P
◈ 각 유형별 연습문제 9P
◈ 쓰기 연습 5P
◈ 예상 문제 13회
◈ 최근 기출 문제 10회

'섞음漢字' 특허 : 제10-0636034호

백상빈 · 김금초 엮음

能率 능률원

머리말

우리나라 말(한국어) 어휘의 70% 정도가 한자어로 구성되어 있는 현실에서 한글전용만으로는 상호간의 의사소통이 모호할뿐만 아니라 학생들의 학습능력을 감소시킴으로써 국민의 국어능력을 전면적으로 저하시키는 결과가 과거 30여년간의 한글 전용 교육에서 명백히 드러났슴을 우리는 보아왔습니다.

이는 우리 선조들이 약 2000년전에 중국의 한자와 대륙문화를 받아들이고 중국사람들과 많이 교통하면서 한자로 이루어진 어휘를 많이 빌려쓰게 되었으며 그후 계속해서 오늘날에 이르기까지 계속 한자어를 사용해 오던것을 갑자기 이런 큰 틀을 뒤엎고 한글전용만을 주장한다면 우리말을 이해하고 표현하는데 큰 어려움이 따르기 때문입니다.

우리는 이제 한글과 한자를 혼용함으로써 우리말 어휘력 향상에 공헌하고 한국어를 제대로 이해해야 할것입니다.

다행히도 1990년대에 들어서서 한국어문회 산하인 한국한자능력검정회에서 각 급수별 자격시험을 실시하여 수험생들에게 국어의 이해력과 어휘력 향상을 크게 높여 오고 있는것은 매우 고무적이고 다행스런 일이라 하겠습니다.

때에 맞춰 한자학습에 대한 이런 관심이 사회 각계에서 반영되고 있는데 한자능력에 따라 인사, 승진 등 인사고과의 혜택과 대학 수시모집 및 특기자 전형에서 그 실례를 찾을수 있습니다.

이에 따라 본 학습서가 전국한자능력시험을 준비하는 학생들에게 훌륭한 길잡이가 되어 최선의 학습방법으로 합격의 기쁨을 누리기 바랍니다.

편저자 씀

차 례

3

사단법인 한국어문회
한자능력검정시험 출제기준

● 급수별 합격기준

구 분	특급	특급II	1급	2급	3급	3급II	4급	4급II	5급	5급II	6급	6급II	7급	7급II	8급
출제문항수	200	200	200	150	150	150	100	100	100	100	90	80	70	60	50
합격문항수	160	160	160	105	105	105	70	70	70	70	63	56	49	42	35
시험시간	100	90	90	60	60	60	50	50	50	50	50	50	50	52	50

● 급수별 출제유형

문제유형	특급	특급II	1급	2급	3급	3급II	4급	4급II	5급	5급II	6급	6급II	7급	7급II	8급
읽기배정한자	5,978	4,918	3,500	2,350	1,817	1,500	1,000	750	500	400	300	300	150	100	50
쓰기배정한자	3,500	2,355	2,005	1,817	1,000	750	500	400	300	225	150	50	0	0	0
독 음	50	50	50	45	45	45	30	35	35	35	33	32	32	22	25
훈 음	32	32	32	27	27	27	22	22	24	23	23	30	30	30	25
장 단 음	10	10	10	5	5	5	5	0	0	0	0	0	0	0	0
반 의 어	10	10	10	10	10	10	3	3	4	3	4	3	3	2	0
완성형(성어)	15	15	15	10	10	10	5	5	5	4	4	3	3	2	0
부 수	10	10	10	5	5	5	3	3	0	0	0	0	0	0	0
동 의 어	10	10	10	5	5	5	3	3	3	3	2	0	0	0	0
동음이의어	10	10	10	5	5	5	3	3	3	3	2	0	0	0	0
뜻 풀 이	10	10	10	5	5	5	3	3	3	3	2	2	2	2	0
필 순	0	0	0	0	0	0	0	0	3	3	3	3	2	2	2
약 자	3	3	3	3	3	3	3	3	3	3	0	0	0	0	0
한자쓰기	40	40	40	30	30	30	20	20	20	20	20	10	0	0	0

● 대학 수시모집 및 특별전형에 반영

대 학	학 과
경북대학교	특기자특별전형(한자/한문 분야)
경상대학교	특기자특별전형 - 본회 2급 이상
경성대학교	외국어 우수자 선발(한문학과) - 본회 3급 이상
공주대학교	특기자특별전형(한자/한문 분야) - 본회 3급 이상
계명대학교	대학독자적 기준에 의한 특별전형(학교장 또는 교사 추천자) - 한문교육
국민대학교	특기자특별전형(중어중문학과) - 본회 1급 이상
단국대학교	특기자특별전형(한문 분야)
동아대학교	특기자특별전형(국어/한문 분야) - 본회 3급 이상
동의대학교	특기자특별전형(어학 특기자) - 본회 1급 이상
대구대학교	특기자특별전형(한자우수자) - 본회 3급 이상
명지대학교	특기자특별전형(어학분야) - 본회 2급 이상
부산외국어대학교	대학독자적 기준에 의한 특별전형(외국어능력우수자) - 본회 3급 이상
성균관대학교	특기자전형 : 인문과학계열(유학동양학부) - 본회 2급 이상
아주대학교	특기자특별전형(문학 및 한문 분야)
영남대학교	특기자특별전형(어학) - 본회 2급 이상
원광대학교	특기자특별전형(한문 분야)
중앙대학교	특기자특별전형(국제화특기분야) - 본회 2급 이상
충남대학교	특기자특별전형(문학·어학분야) - 본회 3급 이상

● 기업체 입사 · 승진 · 인사고과 반영

구 분	내 용	비 고
육 군	부사관 5급 이상 / 위관장교 4급 이상 / 영관장교 3급 이상	인사고과
조 선 일 보	기자채용시 3급 이상 우대	입 사
삼성그룹외	중요기업체들 입사시 한문 비중있게 출제 3급 이상 가산점	입 사

한자능력검정 시험안내

🔬 한자능력시험 (http://www.hanja.re.kr) 〉 기출문제 출력가능
(※ 네이버에 한글로 "한국어문회" 쓰고 클릭)

▶ **주　　관** : (사)한국어문회 (☎ 02-6003-1400), (☎ 1566-1400)

▶ **시험일시** : 연 4회 ┌ 교육급수 : 2, 4, 8, 11월 오전 11시
　　　　　　　　　　└ 공인급수 : 2, 4, 8, 11월 오후 3시

　※ 공인급수, 교육급수 분리시행

　　공인급수는 특급·특급Ⅱ·1급·2급·3급·3급Ⅱ이며, 교육급수는 4급·4급Ⅱ·5급·6급·6급Ⅱ·7급·8급입니다.

▶ **접수방법**

1. 방문접수

 • 접수급수 : 특급 ~ 8급

 • 접 수 처 : 각 시·도 지정 접수처　※ (02)6003-1400, 1566-1400, 또는 인터넷(네이버에 "한국어문회" 치고
　　　　　　　　들어가서 다시 "한자검정" 클릭

 • 접수방법 : 먼저 스스로에게 맞는 급수를 정한 후, 반명함판사진(3×4cm) 3매, 급수증 수령주조, 주민등록번
　　　　　　　　호, 한자이름을 메모해서 해당접수처로 가서 급수에 해당하는 응시료를 현금으로 납부한 후 원서
　　　　　　　　를 작성하여 접수처에 제출하면 됩니다.

2. 인터넷접수

 • 접수급수 : 특급 ~ 8급

 • 접 수 처 : www.hangum.re.kr

 • 접수방법 : 인터넷 접수처 게시

3. 우편접수

 • 접수급수 : 특급, 특급Ⅱ

 • 접 수 처 : 한국한자능력검정회(서울특별시 서초구 서초1동 1627-1 교대벤처타워 401호)

 • 접수방법 : 해당 회차 인터넷 또는 청구접수기간내 발송한 우편물에 한하여 접수가능(접수마감일 소인 유효)

▶ **검 정 료**

급수/검정료	특 급	특급Ⅱ	1 급	2급~3급Ⅱ	4 급	4급Ⅱ	5 급	5급Ⅱ	6 급	6급Ⅱ	7 급	8 급
	40,000	40,000	40,000	20,000	15,000							

　※ 인터넷으로 접수하실 경우 위 검정료에 접수수수료가 추가됩니다.

▶ **접수시 준비물**

　반명함판사진 3매 / 응시료(현금) / 이름(한글·한자) / 주민등록번호 / 급수증 수령주소

▶ **응시자격 :**

 • 제한없음, 능력에 맞게 급수를 선택하여 응시하면 됩니다.

 • 1급은 서울, 부산, 대구, 광주, 대전, 전주, 청주, 제주에서만 실시하고, 특급과 특급Ⅱ는 서울에서만 실시합니다.

▶ **합격자발표** : 인터넷접수 사이트(www.hangum.re.kr) 및 ARS(060-800-1100), 1566-1400

漢字의 畫數(획수)와 筆順(필순)

畫數(획수) 글씨를 쓸때 펜을 데었다가 자연스럽게 펜이 떨어질때까지를 일획(一畫)으로 여긴다.

예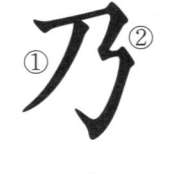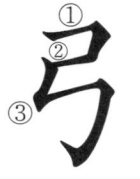
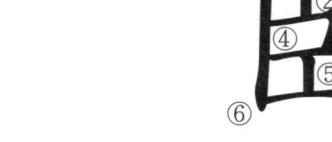

筆順(필순) (1) 대체로 위에서 아래로　(2) 왼쪽에서 오른쪽으로
(3) 가로에서 세로로 쓰는 3대 원칙이 기본적으로 적용된다.

(1) 위에서 아래로 씀 : 예 王(一丁王王王), 合(丿人人今合合合), 元(一二テ元)

(2) 왼쪽에서 오른쪽으로 씀 : 예 川(丿川川), 林(一十才杜杜村材林)

(3) 가로획을 먼저씀 : 예 下(一丁下), 木(一十才木)

(4) 가운데를 먼저씀 : 예 小(丿八小), 出(丨屮屮出出)

(5) 바깥을 먼저 쓰는 경우 : 예 岡(丨冂冂冈冈冈岡), 同(丨冂冂冋同同)

(6) 꿰뚫는 획은 나중에 씀 : 예 事(一一一一一一一事), 中(丨口口中), 女(丿女女)

(7) 오른쪽위에 있는 점은 나중에 씀 : 예 戈(一弋戈戈), 犬(一ナ大犬)

(8) 받침이 있을 경우 나중에 씀 : 예 道(丷丷首首首道道道), 建(フユユヨ聿聿津建建)

　※ 필순에서 예외인 경우도 있다.

部首(부수)의 위치에 따라 부르는 명칭

部首(부수)는 항상 한 글자 형태 안에서 일정한 위치를 차지하고 있으며, 위치에 따라 부르는 명칭도 달라지는데 이를 열거하자면
[변, 방, 머리, 발, 엄(밑), 받침, 몸]으로 구분된다.

(1) 변 : 부수가 글자의 왼쪽을 차지할때 '변'이라 한다.

예

물 강	물건 물	재주 기
江	物	技
氵 : 삼수변	牜 : 소우변	扌 : 재방변

(2) 방 : 부수가 글자의 오른쪽을 차지할때 '방'이라 한다.

예

고을 군	본받을 효	이를 도
郡	效	到
阝 : 우부방	攵 : 등글월문방	刂 : 선칼도방

(3) 머리 : 부수가 글자의 위를 차지할때 '머리'라 한다.

예

만약 약	차례 제	서울 경
若	第	京
艹 : 풀초머리(초두)	竹 : 대죽머리	亠 : 돼지해머리

(4) 발 : 부수가 글자의 아래를 차지할때 '발'이라 한다.

예

먼저 선	세찰 렬	다할 진
先	烈	盡
儿 : 어진사람인발	灬 : 연화발	皿 : 그릇명

(6) 엄 : 부수가 글자의 위와 왼쪽을 차지할때 '엄' 또는 '밑'이라 한다.

예

가게 점	전염병 역	재앙 앙
店	疫	厄
广 : 집엄	疒 : 병질밑	厂 : 굴바위엄

(7) 받침 : 부수가 글자의 왼쪽과 아래를 차지할때 '받침'이라 한다.

예

지을 조	세울 건	일어날 기
造	建	起
辶 : 책받침	廴 : 민책받침	走 : 달릴주

(8) 몸 : 부수가 글자의 삼면이나 사면 또는 좌우를 차지할때 '몸' 또는 '에운담'이라 한다.

예

동산 원	구역 구	기술 술
園	區	術
囗 : 큰입구몸	匚 : 감출혜몸	行 : 다닐행

(9) 제부수 : 글자 자체가 부수의 하나일때 '제부수'라 한다.

예

車	女	金
수레거 : 제부수	계집녀 : 제부수	쇠금 : 제부수

漢字의 構成原理

● 한자는 어떻게 만들어졌을까?

六書
(육서)
漢字가 만들어지는 6가지 原理 : (1)象形(상형) (2)指事(지사) (3)會意(회의)
(4)形聲(형성) (5)轉注(전주) (6)假借(가차)

① 象形文字 물체의 모양을 본떠 만들어진 그림같은 문자로써 기초부수의 대부분의 글자가 이에 속한다.

[보기] 川・日・月・人・耳・女・馬・鳥・牛・目…

⊙⇒日⇒日 (날일) 해의 모양을 보고 '날일'이라고 하였음.

⇒木 (나무목) 나무의 모양을 본떠 '나무목'이라고 하였음.

⇒山 (메산) 산의 모양을 본떠 '메산'이라고 하였음.

⇒川 (내천) 냇물이 흘러가는 것을 보고 '내천'이라고 하였음.

② 指事文字 지사란 상형으로 나타낼수 없는 문자를 점(・)이나 선(-) 또는 부호를 써서 만든 文字이다.

[보기] 一・二・三・上・下・中・十・寸・母・未…

③ 會意文字 두개 이상의 글자가 뜻으로 결합하여 새로운 글자를 만드는데 이를 '회의문자'라고 하며 '林'字처럼 같은 글자가 합하는 경우와 '明'字처럼 다른글자끼리 합한것도 있다.

[보기] 男・好・明・林・絲・品・炎・休・囚・信…

木＋木 = 林(수풀림), 火＋火 = 炎(불꽃염), 日＋明 = 明(밝을명), 女＋子 = 好(좋을호)

④ 形聲文字 뜻(訓)을 나타내는 부분과 음(音)을 나타내는 부분이 결합되어 만들어짐. 이때 音이 정확하게 이음(移音)되는것과 비슷한 성조[聲調]로 전음(轉音)되는 것들이 있다.
※ 육서(六書)中에서 형성문자에 속한 글자가 가장 많음.

[보기1] 問・聞・簡・盛・城・味・基・群・校…

土＋成 = 城(성), 口＋未 = 味(미), 言＋己 = 記(기), 君＋羊 = 群(군)

[보기2] 비슷한 聲調(비슷한 목소리의 가락) : 江・河・松・結・終…

氵＋工 = 江(강), 氵＋可 = 河(하), 木＋公 = 松(송), 糸＋冬 = 終(종)

⑤ 轉注文字 글자 본래의 의미가 확대되어 전혀 다른 음(音)과 뜻(訓)을 나타나는 글자를 '전주문자'라고 함.

[보기]

更 다시 갱
   고칠 경

度 법도 도
   헤아릴 탁

說 말씀 설
   기쁠 열
   달랠 세

洞 골 동
   꿰뚫을 통

樂 풍류 악
   즐길 락
   좋아할 요

⑥ 假借文字 漢字는 뜻글자이므로 소리글자인 한글과는 달리 여러나라들의 글자를 漢字로 표현할수가 없다. 따라서 이러한 불편한점을 해결하기 위해 원래의 뜻과 상관없이 音만을 빌려쓰는데 이러한 문자를 '가차문자'라고 한다.

[보기1] (外來語를 표기할때) : 美國・伊太利・佛蘭西・巴利・亞細亞…

[보기2] (일반적으로 유사한 音을 빌려쓸때) : 弗(아니불) ↑ 달러($)를 표기할때

燕(제비연) ↑ 잔치연(宴)으로,

女(계집녀) ↑ 汝(너여)로 빌려쓰는 경우

5급Ⅱ 부수(部首) 정리 (136字)

※ 부수(部首)는 총 214字이지만 5급Ⅱ 배정 漢字에 속하는 부수는 136字 정도입니다.
※ 부수(部首)를 써 보고 익힘으로서 漢字를 쓰는데 필순이 정확하고 자신감을 찾게 되며 암기도 잘 됩니다.
◇ 다음 부수(部首)를 10회 이상 쓰면서 익히세요.

1획

부수	뜻·음	쓰기
一	한 일	一
丨	뚫을 곤	丨
丶	점 주	丶
丿	삐침 별	丿
乙	새 을	乙
亅	갈고리 궐	亅

2획

부수	뜻·음	쓰기
二	두 이	二
亠	돼지해머리	亠
人	사람 인	人
亻	사람인변	亻
儿	어진사람 인	儿
入	들 입	入
八	여덟 팔	八

부수	뜻·음	쓰기
冂	멀 경	冂
冖	덮을 멱/민갓머리	冖
冫	얼음 빙/이수변	冫
几	책상궤/안석 궤	几
凵	입벌릴감/위튼입구	凵
刀	칼 도	刀
刂	선칼도방	刂

부수	뜻·음	쓰기
力	힘 력	力
勹	쌀 포	勹
匕	비수 비	匕
匚	상자 방	匚
匸	감출 혜	匸
卩	병부 절	卩
卩	마디 절	卩

부수	쓰는 순서	훈·음
弓	ㄱㄱ弓	활 궁
彳	´´彳	두인 변
心	˙ㄴㄴ心	마음 심
忄	˙˙忄	심방변(임마음심)
戈	一ㄣ戈戈	창 과
户	˙´尸户	지게 호
手	ˊˋˊ手	손 수
扌	一扌扌	재방변
攴	一ㅏㅎ攴	지탱할 지
攵	ˊㅏㅊ攵	칠 복
夊	ˊㅓㄱ夊	드릴굼문 발

부수	쓰는 순서	훈·음
屮	ㄴㄴㄴ屮	싹날 철
山	ㅣ山山	메 산
工	一丁工	장인 공
己	ㄱㄱ己	몸 기
巾	ㄱㄱ巾	수건 건
干	一二干	방패 간
幺	ㅅㅅ幺	작을 요
广	˙´广	집 엄/엄호 엄
廴	ˊㄱ廴	길게걸을 인/민책받침
廾	一ㅓㅐ廾	받들 공
弋	一弋弋	주살 익

부수	쓰는 순서	훈·음
夕	ˊㄱ夕	저녁 석
大	一ㅓ大	큰 대
女	ㄴㄴ女女	계집 녀
子	ˊㄱ子	아들 자
宀	˙˙宀	집면/갓머리
寸	一ㅓ寸	마디 촌
小	ㅣㅣ小	작을 소
尢	一尢	절름발이 왕
尸	ㄱㄱ尸	주검 시
川	ㅣㅣ川	내 천
巛	ㄑㄑ巛	개미허리 천

부수	쓰는 순서	훈·음
十	一十	열 십
卜	一卜	점 복
厂	一厂	굴바위 엄/민엄호
厶	ㅅㄴ	사사로울 사/마늘 모
又	ㄱ又	또 우
口	ㅣㄱ口	입 구
囗	ㅣㄱ口	큰입구몸/에울 위
土	一ㅓ土	흙 토
士	一ㅓ士	선비 사
夂	ˊㄱ夂	뒤져올 치
夊	ˊㄱ夊	천천히걸을 쇠

한자	필순	뜻·음
文	ㆍㅗ方文	글월 문
斤	ㆍㅗㅜ斤	날근/무게 근
方	ㆍㅗㅎ方	모 방
日	ㅣㅁ日	날 일
曰	ㅣㅁ曰	가로 왈
月	ㅣㅁ月月	달 월
木	ㅡㅓ才木	나무 목
欠	ㆍㅗㅜ欠	하품흠 변
止	ㅣㅏ止	그칠 지
歹	ㆍㅗㅜ歹	죽을사변
毋	ㆍㅅ毋毋	말 무
氏	ㆍㄴㅌ氏	성씨 씨
气	ㆍㅗ气	기운 기
水	ㅣㅓㅓ水	물 수
氵	ㆍㆍㅓ	삼수변
灬	ㆍㆍㆍㅣ	연화발
火	ㆍㆍㅓ火	불 화
父	ㆍㆍㅓ父	아비 부
牛	ㆍㅗㅓ牛	소 우
玉	ㆍㅗ二王玉	구슬 옥
王	ㆍㅗ二千王	임금 왕 (5급)
生	ㆍㅗ午生	날 생
用	ㅣㅁ月用	쓸 용
田	ㅣㅁ用田	밭 전
疒	ㆍㅗㅓㅓ	병들어기댈 녁
犬	ㅣㅓ犬	개 견
白	ㆍㅓ白白	흰 백
目	ㅣㅁ目目	눈 목
矢	ㆍㅗㅓㅈ矢	화살 시
石	ㅡㅜ石石	돌 석
示	ㆍㅡㅜ示示	보일 시
礻	ㆍㅓㅓ	보일시변
禾	ㆍㅓ才禾	벼 화
穴	ㆍㅗ穴穴	구멍 혈
立	ㆍㅗ立	설 립
米	ㆍㅓ半米	쌀 미 (6급)
竹	ㆍㅗ竹竹	대 죽
⺮	ㆍㅗ⺮	대죽머리
糸	ㆍㅛ幺糸糸	실 사
羊	ㆍㅗ并羊	양 양
羽	ㅣㅣ羽羽羽	깃 우
老	ㆍㅗ耂老	늙을 로
耂	ㆍㅗ耂	늙을로엄
孝	ㆍㅗ耂孝	효도 효

상단 블록

한자	필순	훈·음
青	二丰丰青青青	푸를 청
面	一丆丆丏面面面	낯 면 (9획)
韋	宀立立宦韋韋	가죽 위
音	二立立产音音	소리 음
頁	一厂百百百頁	머리 혈
風	几凡凡風風風	바람 풍
食	人今今宫官食食	밥 식 (10획)
骨	口口丹丹丹骨骨	뼈 골
高	一宀古古高高	높을 고 (12획)
黄	艹共苦苦黄黄	누를 황

이상 136字

둘째 블록

한자	필순	훈·음
車	一亓亓亓亘車	수레 거(차)
辰	一厂厂戶辰辰	별 진
酉	一厂厂西酉酉	닭 유
里	口田甲里里	마을 리
金	人合全全金金	쇠 금 (8획)
長	丨FEE=長長	긴장/어른 장
門	丨門門門門門	문 문
阜	仏仿自皇阜	언덕 부
阝	一了阝	좌부변
隹	仟仁仨隹隹隹	새 추
雨	一一一两雨雨	비 우

셋째 블록

한자	필순	훈·음
虍	トトゥ卢虍	범 호
見	口日目目見見	볼 견 (7획)
角	⺈产角角角角	뿔 각
言	二亠言言言言	말씀 언
足	口무무무足足	발 족
疋	口무무足	발족 변
身	仂自自身身	몸 신
辵	⺀宀辶辵辵	쉬엄쉬엄갈 착
辶	⺀辶辶	책받침
邑	口吊吊邑邑	고을 읍
阝	一了阝	우부방

넷째 블록

한자	필순	훈·음
耳	一下FF耳耳	귀 이
聿	⺋⺋⻌聿聿聿	붓 율/오직 율
肉	口口門肉肉肉	고기육/살 육
月	丨刀月月	육달월
自	⺊白白白自	스스로 자
色	⺈匀匀色色	빛 색
艸	丨丬屮艸艸艸	풀 초
艹	丨丬艹	초두머리
廿	丨廿	초두머리
行	⺌彳彳行行行	다닐 행
衣	一亠宀衣衣衣	옷 의
衤	⺀剂剂衤	옷의 변

5급Ⅱ 배정한자 400字 (8급~5급Ⅱ까지 급수별)

※ 처음 '배정漢字' 학습과정에서 '배정漢字' 낱글자의 암기를 용이하게 하기 위해서 또는 수험생의 언어능력을 높이겠다는 얕은꾀한 취지에서 '배정漢字' 전체에서 출題된 뿔語(漢字語) 모두를 익힌다는 것은 '수험생'들의 부담이름이기에는 이삿점에서는 절 되지도 않고 너무 어렵습니다. 그래서 본 도서에서는 '섬급漢字' 의 암기가 매우 수월하게 이루어지도록 별도로 능률적으로 구성하였으며, '쓰기배정漢字' 225字 범위 내에서 조성된 200단어를 쓰고 익힐때 동시에 한□문로써 시나지 효과를 내도록 편정하였습니다.

8급 배정한자 50字

※ 1字에 10회 이상 써 보고 외우세요.

敎	가르칠 교	[攵(攴)부/총11획]
校	학교 교	[木부/총10획]
九	아홉 구	[乙부/총2획]
國	나라 국	[囗부/총11획]
軍	군사 군	[車부/총9획]
金	쇠 금/성 김	[金부/총8획]
南	남녘 남	[十부/총9획]
女	계집 녀	[女부/총3획]
年	해 년	[干부/총6획]
大	큰 대	[大부/총3획]
東	동녘 동	[木부/총8획]
六	여섯 륙	[八부/총4획]
萬	일만 만	[艸(艹)부/총13획]
母	어미 모	[毋부/총5획]
木	나무 목	[木부/총4획]
門	문 문	[門부/총8획]
民	백성 민	[氏부/총5획]
白	흰 백	[白부/총5획]
父	아비 부	[父부/총4획]
北	북녘 북/달아날 배	[匕부/총5획]
四	넉 사	[囗부/총5획]
山	메 산	[山부/총3획]
三	석 삼	[一부/총3획]
西	서녘 서	[襾부/총6획]
先	먼저 선	[儿부/총6획]
小	작을 소	[小부/총3획]
水	물 수	[水부/총4획]
室	집 실	[宀부/총9획]
十	열 십	[十부/총2획]
五	다섯 오	[二부/총4획]
王	임금 왕	[玉(王)부/총4획]
外	바깥 외	[夕부/총5획]
月	달 월	[月부/총4획]
二	두 이	[二부/총2획]
人	사람 인	[人부/총2획]

7급II 배정한자 50字

市	저자 시	[巾부/총5획] 一亠亣市
食	밥/먹을 식	[食부/총9획] 八스스今今食食
安	편안 안	[宀부/총6획] 宀宀安安安
午	낮 오	[十부/총4획] 一丩二午
右	오른/오를(쪽) 우	[口부/총5획] ノナ右右右
子	아들 자	[子부/총3획] 了子
自	스스로 자	[自부/총6획] 自自自自自
場	마당 장	[土부/총12획] 場場場場場場
全	온전 전	[入부/총6획] 人人全全全
前	앞 전	[刂부/총9획] 前前前
電	번개 전	[雨부/총13획] 電電電
正	바를 정	[止부/총5획] 一丁下正正
足	발 족	[足부/총7획] 足足足足
左	왼 좌	[工부/총5획] 一ナ左左左

動	움직일 동	[力부/총11획] 動動重動動
力	힘 력	[力부/총2획] 丁力
立	설 립	[立부/총5획] 丶亠亠立立
每	매양 매	[毋부/총7획] 每每每每
名	이름 명	[口부/총6획] 名名名名
物	물건 물	[牛부/총8획] 物物物物物物
方	모 방	[方부/총4획] 丶亠方方
不	아닐 불	[一부/총4획] 一丆不不
事	일 사	[亅부/총8획] 事事事事事
上	윗 상	[一부/총3획] 丨上上
姓	성 성	[女부/총8획] 姓姓姓姓姓姓
世	인간 세	[一부/총5획] 一十十世世
手	손 수	[手부/총4획] 手手手手
時	때 시	[日부/총10획] 時時時時時

家	집 가	[宀부/총10획] 家家家家
間	사이 간	[門부/총12획] 間間間間間間
江	강 강	[水(氵)부/총6획] 江江江江江
車	수레 거(차)	[車부/총7획] 車車車車車
工	장인 공	[工부/총3획] 一工工
空	빌 공	[穴부/총8획] 空空空空
記	기록할 기	[言부/총10획] 記記記記記
氣	기운 기	[气부/총10획] 氣氣氣氣氣氣
男	사내 남	[田부/총7획] 男男男男
內	안 내	[入부/총4획] 內內內內
農	농사 농	[辰부/총13획] 農農農農
答	대답 답	[竹부/총12획] 答答答答答答
道	길 도	[辶부/총13획] 道道道道道道

一	한 일	[一부/총1획] 一
日	날 일	[日부/총4획] 日日日日
長	긴 장	[長부/총8획] 長長長長長
弟	아우 제	[弓부/총7획] 弟弟弟弟弟
中	가운데 중	[丨부/총4획] 中中中中
靑	푸를 청	[靑부/총8획] 一二十丰丰靑靑靑
寸	마디 촌	[寸부/총3획] 一寸寸
七	일곱 칠	[一부/총2획] 一七
土	흙 토	[土부/총3획] 一十土
八	여덟 팔	[八부/총2획] 丿八
學	배울 학	[子부/총16획] 學學學學學
韓	한국/나라 한	[韋부/총17획] 韓韓韓韓韓
兄	형 형	[儿부/총5획] 兄兄兄兄兄
火	불 화	[火부/총4획] 丶丷火火

道 길 도 [辶(辵)부/총13획] 一ソウナ首首首道

平 평평할 평 [干부/총5획] 一ウズ平平

下 아래 하 [一부/총3획] 一丁下

漢 한수/한나라 한 [氵(水)부/총14획] 氵汁汁汁洪渼漢

海 바다 해 [氵(水)부/총10획] 氵海海海海

語 말씀 어 [言부/총14획] 言言訂評語語

活 살 활 [氵(水)부/총9획] 氵汁汗汗活

孝 효도 효 [子부/총7획] 一十土尹考孝

後 뒤 후 [彳부/총9획] 彳彳衫衫後後

7급 배정한자 50字

同 한가지 동 [口부/총6획] 刀冂同同同

洞 골/밝을 동/통 [氵(水)부/총9획] 氵汩洞洞洞

老 늙을 로 [老부/총6획] 一十土尹耂老

來 올 래 [人부/총8획] 一厂厽來來

登 오를 등 [癶부/총12획] 癶癶烝登登

里 마을 리 [里부/총7획] 一口日田里

林 수풀 림 [木부/총8획] 一十才木村林

面 낯 면 [面부/총9획] 一厂而面面面

命 목숨 명 [口부/총8획] 人人合合命命

問 물을 문 [口부/총11획] 門門問問

文 글월 문 [文부/총4획] 一ナ文

百 일백 백 [白부/총6획] 一丆百百

夫 지아비 부 [大부/총4획] 一二夫夫

算 셈 산 [竹부/총14획] 竹筲筧筧算

色 빛 색 [色부/총6획] ク夕各色色

夕 저녁 석 [夕부/총3획] 丿夕夕

少 적을 소 [小부/총4획] 丨小少少

所 바 소 [戶(戈)부/총8획] 戶所所

數 셈 수 [攵(支)부/총15획] 婁婁數數

植 심을 식 [木부/총12획] 木柿柿植植

心 마음 심 [心부/총4획] 心心心心

語 말씀 어 [言부/총14획] 言語語語

然 그럴 연 [灬(火)부/총12획] 然然然

有 있을 유 [月부/총6획] 一ナ冇有有

育 기를 육 [肉부/총8획] 育育育

邑 고을 읍 [邑부/총7획] 口吕邑

入 들 입 [入부/총2획] 丿入

字 글자 자 [子부/총6획] ヽ宀宀字字

祖 할아비 조 [示부/총10획] 示剂祁祖

住 살 주 [亻(人)부/총7획] 亻住住住

主 임금/주인 주 [丶부/총5획] 丶主主主

重 무거울 중 [里부/총9획] 重重重

地 따 지 [土부/총6획] 土圹扚地

紙 종이 지 [糸부/총10획] 糸紒紙

千 일천 천 [十부/총3획] 一二千

天 하늘 천 [大부/총4획] 一二チ天

川 내 천 [巛(川)부/총3획] 丿川川

草 풀 초 [艹(艸)부/총10획] 艹草草草

村 마을 촌 [木부/총7획] 一十才木村村

秋 가을 추 [禾부/총9획] 禾秋秋

春 봄 춘 [日부/총9획] 一二夫夫春

出 날 출 [凵부/총5획] 一屮出出出

冬 겨울 동 [冫부/총5획] 夂久冬

旗 기 기 [方부/총14획] 方於施旗

口 입 구 [口부/총3획] 口口口

歌 노래 가 [欠부/총14획] 哥哥歌歌

夫 지아비 부 [大부/총4획] 一二夫夫

百 일백 백 [白부/총6획] 一丆百百

雪	눈 설	雨부/총11획
成	이룰 성	[戈]부/총7획
省	살필 성/덜 생	[目]부/총9획
消	사라질 소	[水(氵)]부/총10획
術	재주 술	[行]부/총11획
始	비로소 시	[女]부/총8획
神	귀신 신	[示]부/총10획
信	믿을 신	[人(亻)]부/총9획
新	새 신	[斤]부/총13획
身	몸 신	[身]부/총7획
弱	약할 약	[弓]부/총10획
藥	약 약	[艸(艹)]부/총19획
業	업 업	[木]부/총13획
勇	날랠 용	[力]부/총9획

利	이할 리	[刀(刂)]부/총7획
理	다스릴 리	[玉(王)]부/총11획
明	밝을 명	[日]부/총8획
聞	들을 문	[耳]부/총14획
半	반 반	[十]부/총5획
反	돌이킬 반	[又]부/총4획
班	나눌 반	[玉(王)]부/총10획
發	필 발	[癶]부/총12획
放	놓을 방	[攴(攵)]부/총8획
部	떼 부	[邑(阝)]부/총11획
分	나눌 분	[刀]부/총4획
社	모일 사	[示]부/총8획
書	글 서	[曰]부/총10획
綠	푸를 록	[糸]부/총15획

科	과목 과	[禾]부/총9획
光	빛 광	[儿]부/총6획
球	공 구	[玉(王)]부/총11획
今	이제 금	[人]부/총4획
急	급할 급	[心]부/총9획
短	짧을 단	[矢]부/총12획
堂	집 당	[土]부/총11획
代	대신할 대	[人(亻)]부/총5획
對	대할 대	[寸]부/총14획
圖	그림 도	[囗]부/총14획
讀	읽을 독	[言]부/총22획
童	아이 동	[立]부/총12획
等	무리 등	[竹]부/총12획
樂	즐길 락/노래 악	[木]부/총15획

便	편할 편/똥오줌 변	사람인변[人(亻)]부/총9획
夏	여름 하	[夂]부/총10획
花	꽃 화	초두머리[艸(艹)]부/총8획
休	쉴 휴	사람인변[人(亻)]부/총6획

6급II 배정한자 75字

各	각각 각	입 구[口]부/총6획
角	뿔 각	[角]부/총7획
界	지경 계	밭 전[田]부/총9획
計	셀 계	말씀 언[言]부/총9획
高	높을 고	높을 고[高]부/총10획
共	한가지 공	[八]부/총6획
公	공평할 공	[八]부/총4획
功	공 공	[力]부/총5획
果	실과 과	[木]부/총8획

5급II

用 쓸 용 ── 쓸 용 [用]부/총5획 `丿刀月月用`

運 옮길 운 ── 옮길 운 [辶]부/총13획 `軍運`

音 소리 음 ── 소리 음 [音]부/총9획 `亠立产音音音`

飮 마실 음 ── 밥 식 [食]부/총13획 `⻞飮`

意 뜻 의 ── 마음 심 [心]부/총13획 `亠音音意意`

作 지을 작 ── 사람인변 [亻]부/총7획 `亻作作作`

昨 어제 작 ── 날 일 [日]부/총9획 `日日昨昨`

才 재주 재 ── 재방변 [扌]부/총3획 `一十才`

戰 싸움 전 ── 창 과 [戈]부/총16획 `單戰戰`

庭 뜰 정 ── 집 엄 [广]부/총10획 `广庭庭`

題 제목 제 ── 머리 혈 [頁]부/총18획 `題題`

第 차례 제 ── 대죽 [竹]부/총11획 `竹竹第第`

注 물댈 주 ── 삼수변 [氵]부/총8획 `氵汁注注`

集 모을 집 ── 새 추 [隹]부/총12획 `隹隹集集`

6급 배정한자 75字

窓 창 창 ── 구멍 혈 [穴]부/총11획 `宀空窓窓`

淸 맑을 청 ── 삼수변 [氵]부/총11획 `氵汁洼清`

體 몸 체 ── 뼈 골 [骨]부/총23획 `骨骨體體`

表 겉 표 ── 옷 의 [衣]부/총8획 `一主未表`

風 바람 풍 ── 바람 풍 [風]부/총9획 `風風`

幸 다행 행 ── 방패 간 [干]부/총8획 `一十土幸`

現 나타날 현 ── 구슬옥변 [王]부/총11획 `王玗玥現`

形 모양 형 ── 터럭삼 [彡]부/총7획 `二开形形`

和 화할 화 ── 입 구 [口]부/총8획 `禾和和`

會 모일 회 ── 가로 왈 [曰]부/총13획 `會會`

感 느낄 감 ── 마음 심 [心]부/총13획 `咸感感`

強 강할 강 ── 활 궁 [弓]부/총12획 `引弹强`

開 열 개 ── 문 문 [門]부/총12획 `門門開`

京 서울 경 ── 돼지해머리 [亠]부/총8획 `亠产京京`

古 예 고 ── 입 구 [口]부/총5획 `一十古古`

苦 쓸 고 ── 초두머리 [艹]부/총9획 `艹苦苦`

交 사귈 교 ── 돼지해머리 [亠]부/총6획 `亠交`

區 구분할/지경 구 ── 감출혜몸 [匸]부/총11획 `品區`

郡 고을 군 ── 우부방 [阝]부/총10획 `君郡`

近 가까울 근 ── 책받침 [辶]부/총8획 `斤近`

根 뿌리 근 ── 나무 목 [木]부/총10획 `木根根`

級 등급 급 ── 실 사 [糸]부/총10획 `糸級`

多 많을 다 ── 저녁 석 [夕]부/총6획 `多多`

待 기다릴 대 ── 두인변 [彳]부/총9획 `彳待待`

度 법도 도/헤아릴 탁 ── 집 엄 [广]부/총9획 `广度度`

頭 머리 두 ── 머리 혈 [頁]부/총16획 `豆頭頭`

例 법식 례 ── 사람인변 [亻]부/총8획 `亻例例`

禮 예도 례 ── 보일 시 [示]부/총18획 `示禮禮`

路 길 로 ── 발 족 [足]부/총13획 `足路路`

綠 푸를 록 ── 실 사 [糸]부/총14획 `糸綠綠`

李 오얏/성 리 ── 나무 목 [木]부/총7획 `木李李`

目 눈 목 ── 눈 목 [目]부/총5획 `目目`

米 쌀 미 ── 쌀 미 [米]부/총6획 `米米`

美 아름다울 미 ── 양 양 [羊]부/총9획 `羊美`

朴 성 박 ── 나무 목 [木]부/총6획 `木朴`

番 차례 번 ── 밭 전 [田]부/총12획 `采番`

別 다를/나눌 별 ── 선칼도방 [刂]부/총7획 `別別`

病 병 병 ── 병질엄 [疒]부/총10획 `疒病`

服 옷 복 ── 달월 [月]부/총8획 `月服`

本 근본 본 ── 나무 목 [木]부/총5획 `一十才本`

使 하여금/부릴 사 ── 사람인변 [亻]부/총8획 `亻使使`

5급Ⅱ 배정한자 100字

黃	누를 황 [黃(黄)]부/총12획
訓	가르칠 훈 [言]부/총10획
價	값 가 [亻(人)]부/총15획
客	손 객 [宀]부/총9획
格	격식 격 [木]부/총10획
見	볼 견/뵈올 현 [見]부/총7획
決	결단할 결 [氵(水)]부/총7획
結	맺을 결 [糸]부/총12획
敬	공경 경 [攵(攴)]부/총13획
告	고할 고 [口]부/총7획
課	공부할/과정 과 [言]부/총15획
過	지날 과 [辶(辵)]부/총13획
觀	볼 관 [見]부/총25획

在	있을 재 [土]부/총6획
定	정할 정 [宀]부/총8획
朝	아침 조 [月]부/총12획
族	겨레 족 [方]부/총11획
晝	낮 주 [日]부/총11획
親	친할 친 [見]부/총16획
大	큰 대 [大]부/총3획
通	통할 통 [辶(辵)]부/총11획
特	특별할 특 [牛]부/총10획
合	합할 합 [口]부/총6획
行	다닐 행/항렬 항 [行]부/총6획
向	향할 향 [口]부/총6획
號	이름 호 [虍]부/총13획
畫	그림 화/그을 획 [田]부/총12획

洋	큰바다 양 [氵(水)]부/총9획
言	말씀 언 [言]부/총7획
永	길 영 [水]부/총5획
英	꽃부리 영 [艹(艸)]부/총9획
溫	따뜻할 온 [氵(水)]부/총13획
園	동산 원 [囗]부/총13획
遠	멀 원 [辶(辵)]부/총14획
油	기름 유 [氵(水)]부/총8획
由	말미암을 유 [田]부/총5획
銀	은 은 [金]부/총14획
衣	옷 의 [衣]부/총6획
醫	의원 의 [酉]부/총18획
者	놈 자 [耂(老)]부/총9획
章	글 장 [立]부/총11획

死	죽을 사 [歹]부/총6획
席	자리 석 [巾]부/총10획
石	돌 석 [石]부/총5획
速	빠를 속 [辶(辵)]부/총11획
孫	손자 손 [子]부/총10획
樹	나무 수 [木]부/총16획
習	익힐 습 [羽]부/총11획
勝	이길 승 [力]부/총12획
式	법 식 [弋]부/총6획
失	잃을 실 [大]부/총5획
愛	사랑 애 [心]부/총13획
役	부릴 역 [彳]부/총7획
野	들 야 [里]부/총11획
陽	볕 양 [阝(阜)]부/총12획

關	관계할 관	문 [門]부/총19획
廣	넓을 광	엄호 [广]부/총15획
舊	예 구	절구 구[臼]부/총18획
具	갖출 구	여덟 팔[八]부/총8획
局	판 국	주검 시[尸]부/총7획
基	터 기	흙 토[土]부/총11획
己	몸 기	몸 기[己]부/총3획
念	생각 념	마음 심[心]부/총8획
能	능할 능	육달월 [月(肉)]부/총10획
當	마땅 당	밭 전[田]부/총13획
團	둥글 단	큰입구몸 [囗]부/총14획
德	큰 덕	두인변[彳]부/총15획
到	이를 도	선칼도방[刂(刀)]부/총8획
獨	홀로 독	개사슴록변[犭(犬)]부/총16획
朗	밝을 랑	달 월[月]부/총11획
良	어질 량	어긋날 간[艮]부/총7획
旅	나그네 려	모 방[方]부/총10획
歷	지날 력	그칠 지[止]부/총16획
練	익힐 련	실 사[糸]부/총15획
勞	수고로울 로	힘 력[力]부/총12획
流	흐를 류	삼수변[氵(水)]부/총10획
類	무리 류	머리 혈[頁]부/총19획
陸	뭍 륙	좌부변[阝(阜)]부/총11획
望	바랄 망	달 월[月]부/총11획
法	법 법	삼수변[氵(水)]부/총8획
變	변할 변	말씀 언[言]부/총23획
兵	병사 병	여덟 팔[八]부/총7획
福	복 복	보일 시[示]부/총14획
奉	받들 봉	큰 대[大]부/총8획
仕	섬길 사	사람인변[亻(人)]부/총5획
士	선비 사	선비 사[士]부/총3획
史	사기 사	입 구[口]부/총5획
産	낳을 산	날 생[生]부/총11획
商	장사 상	입 구[口]부/총11획
相	서로 상	눈 목[目]부/총9획
仙	신선 선	사람인변[亻(人)]부/총5획
鮮	고울 선	물고기 어[魚]부/총17획
性	성품 성	심방변[忄(心)]부/총8획
說	말씀 설/달랠 세	말씀 언[言]부/총14획
洗	씻을 세	삼수변[氵(水)]부/총9획
歲	해 세	그칠 지[止]부/총13획
束	묶을 속	나무 목[木]부/총7획
首	머리 수	머리 수[首]부/총9획
宿	잘 숙	갓머리[宀]부/총11획
順	순할 순	머리 혈[頁]부/총12획
識	알 식	말씀 언[言]부/총19획
實	열매 실	갓머리[宀]부/총14획
兒	아이 아	어진사람인발[儿]부/총8획
惡	악할 악/미워할 오	마음 심[心]부/총12획
約	맺을 약	실 사[糸]부/총9획
養	기를 양	밥 식[食]부/총15획
要	요긴할 요	덮을 아[襾]부/총9획
浴	목욕할 욕	삼수변[氵(水)]부/총10획
友	벗 우	또 우[又]부/총4획
雨	비 우	비 우[雨]부/총8획
雲	구름 운	비 우[雨]부/총12획

◇ 8급 '배정漢字'는 50字이며 '쓰기배정漢字'는 없습니다.

◇ 7급Ⅱ '배정漢字'는 8급 50字에 50字를 더해서 모두 100字이며 '쓰기배정漢字'는 없습니다.

◇ 7급 '배정漢字'는 7급Ⅱ 100字에 50字를 더해서 150字이며 '쓰기 배정漢字'는 없습니다.

◇ 6급Ⅱ '배정漢字'는 7급 150字에 75字를 더해 225字이며 '쓰기배정 漢字'는 8급 '배정漢字' 50字 입니다.

◇ 6급 '배정漢字'는 6급Ⅱ 225字에 75字를 더해서 300字이며 '쓰기배정 漢字'는 '7급 배정漢字' 150字입니다.

◇ 5급Ⅱ '배정漢字'는 6급 300字에 100字를 더해 400字이며 '쓰기배정 漢字'는 6급Ⅱ 225字입니다.

筆	붓 필	[竹(⺮)부/총12획]
害	해할 해	[宀부/총10획]
化	될 화	[匕(人)부/총4획]
效	본받을 효	[攴(攵)부/총10획]
凶	흉할 흉	[凵부/총4획]

調	고를 조	[言부/총15획]
卒	마칠 졸	[十부/총8획]
種	씨 종	[禾부/총14획]
週	주일 주	[辶(辵)부/총12획]
州	고을 주	[巛(川)부/총6획]
知	알 지	[矢부/총8획]
質	바탕 질	[貝부/총15획]
着	붙을 착	[目부/총12획]
參	참여할 참	[厶부/총11획]
責	꾸짖을 책	[貝부/총11획]
充	채울 충	[儿부/총6획]
宅	집 택	[宀부/총6획]
品	물건 품	[口부/총9획]
必	반드시 필	[心부/총5획]

元	으뜸 원	[儿부/총4획]
偉	클 위	[亻(人)부/총11획]
以	써 이	[人부/총5획]
任	맡길 임	[亻(人)부/총6획]
材	재목 재	[木부/총7획]
財	재물 재	[貝부/총10획]
的	과녁 적	[白부/총8획]
傳	전할 전	[亻(人)부/총13획]
典	법 전	[八부/총8획]
展	펼 전	[尸부/총10획]
切	끊을 절/온통 체	[刀부/총4획]
節	마디 절	[竹부/총15획]
店	가게 점	[广부/총8획]
情	뜻 정	[忄(心)부/총11획]

섞음 漢字 사용법

1. 23쪽부터는 섞음漢字이므로 먼저 이것들을 가로, 세로를 좇아 읽기를 반복하여
   전체를 잘읽을줄 알아야 합니다.

2. '섞음漢字'와 '섞음漢字훈음표'(22쪽)는 그 번호가 서로 같습니다. 검사하면서 모르는
   漢字는 적당한 양만큼 가려내서 '섞음漢字훈음표'(22쪽)를 보고 확인한 다음 3번씩 써보면서
   외우세요.

3. 이런 방법으로 자주 반복해서 하고 결국은 모두 다 알 수 있도록 한다음 연습문제와
   예상문제 그리고 기출문제를 풀어가면 됩니다.

   ※ 그러나 '섞음漢字'의 암기가 잘 안되는 학생이 어쩌다가 있을수가 있습니다. 이럴때는
      연습분야를 함께 해가면서 '섞음漢字'를 암기토록 하고 별도로 '섞음漢字'만을 숙제로
      내주면 효과적입니다. '섞음漢字' 숙제를 전학생에게 확장시키면 더욱 좋습니다.

   ※ 섞음漢字 사용은 배정漢字를 제대로 알기 위한 최선의 방법입니다.
      배정漢字 400字(13쪽~) 과정을 끝내고 난 다음에 섞음漢字 과정을 해야 합니다.

   ※ 배정漢字의 암기가 잘됐다고 할수 있는 기준은 13쪽~에 있는 가, 나, 다...순의 읽기가
      아니고 섞음漢字의 읽기를 기준으로 삼아야 합니다.
      섞음漢字는 필요할때마다 가끔씩 해야합니다.

   ※ 배정漢字가 잘 암기되어야만 해당 漢字를 잘 활용할수 있고 문제를 잘 풀수 있습니다.

#	字	훈음	#	字	훈음	#	字	훈음	#	字	훈음	#	字	훈음	#	字	훈음	#	字	훈음	#	字	훈음	#	字	훈음	#	字	훈음
1	校	학교교	31	五	다섯오	61	氣	기운기	91	上	윗상	121	正	바를정	151	各	각각각	181	對	대할대	211	服	옷복	241	野	들야	271	定	정할정
2	敎	가르칠교	32	王	임금왕	62	男	사내남	92	色	빛색	122	祖	할아비조	152	角	뿔각	182	待	기다릴대	212	本	근본본	242	弱	약할약	272	庭	뜰정
3	九	아홉구	33	外	바깥외	63	內	안내	93	夕	저녁석	123	足	발족	153	感	느낄감	183	圖	그림도	213	部	떼부	243	藥	약약	273	題	제목제
4	國	나라국	34	月	달월	64	農	농사농	94	姓	성성	124	左	왼좌	154	强	강할강	184	度	법도도/헤아릴탁	214	分	나눌분	244	陽	별양	274	第	차례제
5	軍	군사군	35	二	두이	65	答	대답할답	95	世	인간세	125	主	임금주/주인주	155	開	열개	185	讀	읽을독	215	使	하여금사/부릴사	245	洋	큰바다양	275	朝	아침조
6	金	쇠금/성김	36	人	사람인	66	道	길도	96	少	적을소	126	住	살주	156	京	서울경	186	童	아이동	216	社	모일사	246	言	말씀언	276	族	겨레족
7	南	남녘남	37	一	한일	67	冬	겨울동	97	所	바소	127	重	무거울중	157	界	지경계	187	頭	머리두	217	死	죽을사	247	業	업업	277	注	부을주
8	女	계집녀	38	日	날일	68	動	움직일동	98	手	손수	128	地	따지	158	計	셀계	188	等	무리등	218	書	글서	248	永	길영	278	晝	낮주
9	年	해년	39	長	긴장	69	同	한가지동	99	數	셈수	129	紙	종이지	159	古	예고	189	樂	즐길락/노래악	219	席	자리석	249	英	꽃부리영	279	集	모일집
10	大	큰대	40	弟	아우제	70	洞	골동/밝을통	100	時	때시	130	直	곧을직	160	苦	쓸고	190	例	법식례	220	石	돌석	250	溫	따뜻할온	280	窓	창창
11	東	동녘동	41	中	가운데중	71	登	오를등	101	市	저자시	131	千	일천천	161	高	높을고	191	禮	예도례	221	線	줄선	251	勇	날랠용	281	淸	맑을청
12	六	여섯륙	42	靑	푸를청	72	來	올래	102	植	심을식	132	天	하늘천	162	共	한가지공	192	路	길로	222	雪	눈설	252	用	쓸용	282	體	몸체
13	萬	일만만	43	寸	마디촌	73	力	힘력	103	食	밥식/먹을식	133	川	내천	163	公	공평할공	193	綠	푸를록	223	成	이룰성	253	運	옮길운	283	親	친할친
14	母	어미모	44	七	일곱칠	74	老	늙을로	104	心	마음심	134	草	풀초	164	功	공공	194	利	이할리	224	省	살필성/덜생	254	園	동산원	284	太	클태
15	木	나무목	45	土	흙토	75	里	마을리	105	安	편안할안	135	村	마을촌	165	果	실과과	195	李	오얏리/성리	225	消	사라질소	255	遠	멀원	285	通	통할통
16	門	문문	46	八	여덟팔	76	林	수풀림	106	語	말씀어	136	秋	가을추	166	科	과목과	196	理	다스릴리	226	速	빠를속	256	油	기름유	286	特	특별할특
17	民	백성민	47	學	배울학	77	立	설립	107	然	그럴연	137	春	봄춘	167	光	빛광	197	明	밝을명	227	孫	손자손	257	由	말미암을유	287	表	겉표
18	白	흰백	48	韓	한국한/나라한	78	每	매양매	108	午	낮오	138	出	날출	168	交	사귈교	198	目	눈목	228	樹	나무수	258	銀	은은	288	風	바람풍
19	父	아비부	49	兄	형형	79	面	낯면	109	右	오른쪽우	139	便	편할편/똥오줌변	169	區	구분할구/지경구	199	聞	들을문	229	術	재주술	259	音	소리음	289	合	합할합
20	北	북녘북/달아날배	50	火	불화	80	名	이름명	110	有	있을유	140	平	평평할평	170	球	공구	200	米	쌀미	230	習	익힐습	260	飮	마실음	290	幸	다행행
21	四	넉사	51	家	집가	81	命	목숨명	111	育	기를육	141	下	아래하	171	郡	고을군	201	美	아름다울미	231	勝	이길승	261	衣	옷의	291	行	다닐행/항렬항
22	山	메산	52	歌	노래가	82	問	물을문	112	邑	고을읍	142	夏	여름하	172	近	가까울근	202	朴	성박	232	始	비로소시	262	意	뜻의	292	向	향할향
23	三	석삼	53	間	사이간	83	文	글월문	113	入	들입	143	漢	한수한/한나라한	173	根	뿌리근	203	半	반반	233	式	법식	263	醫	의원의	293	現	나타날현
24	生	날생	54	江	강강	84	物	물건물	114	子	아들자	144	海	바다해	174	今	이제금	204	反	돌이킬반	234	神	귀신신	264	者	놈자	294	形	모양형
25	西	서녘서	55	車	수레거(차)	85	方	모방	115	字	글자자	145	花	꽃화	175	級	등급급	205	班	나눌반	235	信	믿을신	265	作	지을작	295	號	이름호
26	先	먼저선	56	工	장인공	86	百	일백백	116	自	스스로자	146	話	말씀화	176	急	급할급	206	發	필발	236	新	새신	266	昨	어제작	296	和	화할화
27	小	작을소	57	空	빌공	87	夫	지아비부	117	場	마당장	147	活	살활	177	多	많을다	207	放	놓을방	237	身	몸신	267	章	글장	297	畫	그림화/그을획
28	水	물수	58	口	입구	88	不	아닐불	118	全	온전할전	148	孝	효도효	178	短	짧을단	208	番	차례번	238	失	잃을실	268	在	있을재	298	黃	누를황
29	室	집실	59	旗	기기	89	事	일사	119	前	앞전	149	後	뒤후	179	堂	집당	209	別	다를별/나눌별	239	愛	사랑애	269	才	재주재	299	會	모일회
30	十	열십	60	記	기록할기	90	算	셈산	120	電	번개전	150	休	쉴휴	180	代	대신대	210	病	병병	240	夜	밤야	270	戰	싸움전	300	訓	가르칠훈

6級 섞음漢字 300字

※ 現 상태에서 가로나 세로를 좇아서 읽기를 하여 모두 읽을수 있을때까지 반복학습을 합니다.
여기 '섞음漢字'에 쓰인 번호와 앞부분 섞음漢字 訓音表에 쓰인 번호가 서로 같으므로 틀린 글자는 확인하여 세번씩 쓰고 암기합니다.

話	言	愛	飮	旗	理	由	和	明	午
146	246	239	260	59	196	257	296	197	108
門	育	共	對	所	半	美	速	上	敎
16	111	162	181	97	203	201	226	91	2
朝	中	禮	語	金	生	秋	成	果	業
275	41	191	106	6	24	136	223	165	247
球	時	市	米	兄	科	家	算	作	人
170	100	101	200	49	166	51	90	265	36
場	度	發	勝	住	方	六	外	漢	來
117	184	206	231	126	85	12	33	143	72
班	形	身	室	者	農	答	區	西	邑
205	294	237	29	264	64	65	169	25	112
月	行	死	童	號	直	里	每	車	十
34	291	217	186	295	130	75	78	55	30
正	第	定	大	休	式	功	道	電	氷
121	274	271	10	150	233	164	66	120	248
空	反	夫	千	祖	今	多	注	老	面
57	204	87	131	122	174	177	277	74	79
自	病	京	洋	花	朴	村	白	春	寸
116	210	156	245	145	202	135	18	137	43

※ 現 상태에서 가로나 세로를 좇아서 읽기를 하여 모두 읽을수 있을때까지 반복학습을 합니다.
여기 '섞음漢字' 에 쓰인 번호와 앞부분 섞음漢字 訓·音表에 쓰인 번호가 서로 같으므로 틀린 글자는 확인하여 세번씩 쓰고 암기합니다.

午	明	和	由	理	旗	飮	愛	言	話
108	197	296	257	196	59	260	239	246	146

敎	上	速	美	半	所	對	共	育	門
2	91	226	201	203	97	181	162	111	16

業	果	成	秋	生	金	語	禮	中	朝
247	165	223	136	24	6	106	191	41	275

人	作	算	家	科	兄	米	市	時	球
36	265	90	51	166	49	200	101	100	170

來	漢	外	六	方	住	勝	發	度	場
72	143	33	12	85	126	231	206	184	117

邑	西	區	答	農	者	室	身	形	班
112	25	169	65	64	264	29	237	294	205

十	車	每	里	直	號	童	死	行	月
30	55	78	75	130	295	186	217	291	34

氷	電	道	功	式	休	大	定	第	正
248	120	66	164	233	150	10	271	274	121

面	老	注	多	今	祖	千	夫	反	空
79	74	277	177	174	122	131	87	204	57

寸	春	白	村	朴	花	洋	京	病	自
43	137	18	135	202	145	245	156	210	116

※ 現 상태에서 가로나 세로를 좇아서 읽기를 하여 모두 읽을수 있을때까지 반복학습을 합니다.
여기 '섞음漢字'에 쓰인 번호와 앞부분 섞음漢字 訓·音表에 쓰인 번호가 서로 같으므로 틀린 글자는 확인하여 세번씩 쓰고 암기합니다.

紙	樂	一	百	李	有	樹	草	頭	銀
129	189	37	86	195	110	228	134	187	258
別	右	級	陽	海	公	本	數	根	問
209	109	175	244	144	163	212	99	173	82
內	入	弱	神	重	藥	同	力	路	體
63	113	242	234	127	243	69	73	192	282
油	畫	校	記	地	小	出	天	合	色
256	297	1	60	128	27	138	132	289	92
三	在	利	左	庭	弟	四	林	開	遠
23	268	194	124	272	40	21	76	155	255
會	軍	省	五	運	族	雪	表	姓	日
299	5	224	31	253	276	222	287	94	38
新	題	民	界	部	失	感	火	夜	戰
236	273	17	157	213	238	153	50	240	270
線	席	向	交	口	現	石	昨	太	綠
221	219	292	168	58	293	220	266	284	193
用	角	北	名	夕	習	學	歌	後	計
252	152	20	80	93	230	47	52	149	158
短	植	山	男	冬	土	近	間	高	衣
178	102	22	62	67	45	172	53	161	261

6級 섞음漢字 300字

※ 現 상태에서 가로나 세로를 좇아서 읽기를 하여 모두 읽을수 있을때까지 반복학습을 합니다.
여기 '섞음漢字'에 쓰인 번호와 앞부분 섞음漢字 訓音表에 쓰인 번호가 서로 같으므로 틀린 글자는 확인하여 세번씩 쓰고 암기합니다.

銀	頭	草	樹	有	李	百	一	樂	紙
258	187	134	228	110	195	86	37	189	129
問	根	數	本	公	海	陽	級	右	別
82	173	99	212	163	144	244	175	109	209
體	路	力	同	藥	重	神	弱	入	內
282	192	73	69	243	127	234	242	113	63
色	合	天	出	小	地	記	校	畫	油
92	289	132	138	27	128	60	1	297	256
遠	開	林	四	弟	庭	左	利	在	三
255	155	76	21	40	272	124	194	268	23
日	姓	表	雪	族	運	五	省	軍	會
38	94	287	222	276	253	31	224	5	299
戰	夜	火	感	失	部	界	民	題	新
270	240	50	153	238	213	157	17	273	236
綠	太	昨	石	現	口	交	向	席	線
193	284	266	220	293	58	168	292	219	221
計	後	歌	學	習	夕	名	北	角	用
158	149	52	47	230	93	80	20	152	252
衣	高	間	近	土	冬	男	山	植	短
261	161	53	172	45	67	62	22	102	178

6級 섞음漢字 300字

※ 現 상태에서 가로나 세로를 좇아서 읽기를 하여 모두 읽을수 있을때까지 반복학습을 합니다.
여기 '섞음漢字' 에 쓰인 번호와 앞부분 섞음漢字 訓·音表에 쓰인 번호가 서로 같으므로 틀린 글자는 확인하여 세번씩 쓰고 암기합니다.

特	集	少	清	主	登	水	才	社	靑
286	279	96	281	125	71	28	269	216	42
先	王	不	風	工	使	野	晝	急	下
26	32	88	288	56	215	241	278	176	141
江	便	郡	聞	洞	氣	苦	圖	南	活
54	139	171	199	70	61	160	183	7	147
英	手	平	各	萬	勇	消	全	文	物
249	98	140	151	13	251	225	118	83	84
年	足	等	父	東	世	通	讀	代	窓
9	123	188	19	11	95	285	185	180	280
孫	九	食	心	醫	訓	國	服	音	韓
227	3	103	104	263	300	4	211	259	48
術	動	木	八	然	長	待	例	立	七
229	68	15	46	107	39	182	190	77	44
古	目	書	安	命	黃	番	幸	親	光
159	198	218	105	81	298	208	290	283	167
川	前	園	强	事	信	始	堂	章	二
133	119	254	154	89	235	232	179	267	35
孝	字	放	夏	意	母	子	分	溫	女
148	115	207	142	262	14	114	214	250	8

※ 섞음漢字의 암기가 끝날 무렵에는 各 漢字밑에 訓·音을 써보세요.

靑	社	才	水	登	主	淸	少	集	特
42	216	269	28	71	125	281	96	279	286
下	急	畫	野	使	工	風	不	王	先
141	176	278	241	215	56	288	88	32	26
活	南	圖	苦	氣	洞	聞	郡	便	江
147	7	183	160	61	70	199	171	139	54
物	文	全	消	勇	萬	各	平	手	英
84	83	118	225	251	13	151	140	98	249
窓	代	讀	通	世	東	父	等	足	年
280	180	185	285	95	11	19	188	123	9
韓	音	服	國	訓	醫	心	食	九	孫
48	259	211	4	300	263	104	103	3	227
七	立	例	待	長	然	八	木	動	術
44	77	190	182	39	107	46	15	68	229
光	親	幸	番	黃	命	安	書	目	古
167	283	290	208	298	81	105	218	198	159
二	章	堂	始	信	事	强	園	前	川
35	267	179	232	235	89	154	254	119	133
女	溫	分	子	母	意	夏	放	字	孝
8	250	214	114	14	262	142	207	115	148

※ 섞음漢字의 암기가 끝날 무렵에는 各 漢字밑에 訓·音을 써보세요.

※ 여기 '섞음漢字(배정漢字) 훈·음표'에 적힌 번호와 다음장의 '섞음漢字'에 적힌 번호가 서로 일치합니다.

301 價 값 가	321 團 둥글 단	341 仕 섬길 사	361 惡 악할 악 / 미워할 오	381 情 뜻 정
302 客 손 객	322 當 마땅 당	342 史 사기(史記) 사	362 約 맺을 약	382 調 고를 조
303 格 격식 격	323 德 큰 덕	343 士 선비 사	363 養 기를 양	383 卒 마칠 졸
304 見 볼 견 / 뵈올 현	324 到 이를 도	344 産 낳을 산	364 要 요긴할 요	384 種 씨 종
305 決 결단할 결	325 獨 홀로 독	345 商 장사 상	365 友 벗 우	385 州 고을 주
306 結 맺을 결	326 朗 밝을 랑	346 相 서로 상	366 雨 비 우	386 週 주일 주
307 敬 공경 경	327 良 어질 량	347 仙 신선 선	367 雲 구름 운	387 知 알 지
308 告 고할 고	328 旅 나그네 려	348 鮮 고울 선	368 元 으뜸 원	388 質 바탕 질
309 課 공부할 과 / 과정 과	329 歷 지날 력	349 說 말씀 설 / 달랠 세	369 偉 클 위	389 着 붙을 착
310 過 지날 과	330 練 익힐 련	350 性 성품 성	370 以 써 이	390 參 참여할 참
311 觀 볼 관	331 勞 일할 로	351 歲 해 세	371 任 맡길 임	391 責 꾸짖을 책
312 關 관계할 관	332 流 흐를 류	352 洗 씻을 세	372 材 재목 재	392 充 채울 충
313 廣 넓을 광	333 類 무리 류	353 束 묶을 속	373 財 재물 재	393 宅 집 택
314 具 갖출 구	334 陸 뭍 륙	354 首 머리 수	374 的 과녁 적	394 品 물건 품
315 舊 예 구	335 望 바랄 망	355 宿 잘 숙 / 별자리 수	375 傳 전할 전	395 必 반드시 필
316 局 판(形局) 국	336 法 법 법	356 順 순할 순	376 典 법 전	396 筆 붓 필
317 基 터 기	337 變 변할 변	357 識 알 식	377 展 펼 전	397 害 해할 해
318 己 몸 기	338 兵 병사 병	358 臣 신하 신	378 切 끊을 절 / 온통 체	398 化 될 화
319 念 생각 념	339 福 복 복	359 實 열매 실	379 節 마디 절	399 效 본받을 효
320 能 능할 능	340 奉 받들 봉	360 兒 아이 아	380 店 가게 점	400 凶 흉할 흉

※ '섞음漢字' 사용법
1. 이곳 '섞음漢字' 훈음표의 번호와 다음쪽에 있는 '섞음漢字'의 번호가 똑같습니다.
2. '섞음漢字'를 외울때 모르는 漢字는 이곳 훈음표를 확인하여 암기하세요.
3. 책을 학습하는 도중 몇차례씩 암기하여 거의다 암기가 되도록 하세요.
4. 시험 며칠전쯤에 집에서 가위로 섞음漢字 가형을 잘라서 섞은 다음 암기가 잘 되었는지 확인해 보는 것은 최상의 방법입니다.

種	告	必	關	流	見
384	308	395	312	332	304
財	局	福	廣	具	仕
373	316	339	313	314	341
的	雲	着	客	史	練
374	367	389	302	342	330
望	決	展	以	質	旅
335	305	377	370	388	328
法	仙	首	歷	州	變
336	347	354	329	385	337
傳	結	宿	歲	士	束
375	306	355	351	343	353
鮮	凶	品	效	充	到
348	400	394	399	392	324
筆	當	團	雨	偉	過
396	322	321	366	369	310

※ 섞음漢字의 암기가 끝날 무렵에는 各 漢字밑에 訓·音을 써보세요.

見 304	流 332	關 312	必 395	告 308	種 384
仕 341	具 314	廣 313	福 339	局 316	財 373
練 330	史 342	客 302	着 389	雲 367	的 374
旅 328	質 388	以 370	展 377	決 305	望 335
變 337	州 385	歷 329	首 354	仙 347	法 336
束 353	士 343	歲 351	宿 355	結 306	傳 375
到 324	充 392	效 399	品 394	凶 400	鮮 348
過 310	偉 369	雨 366	團 321	當 322	筆 396

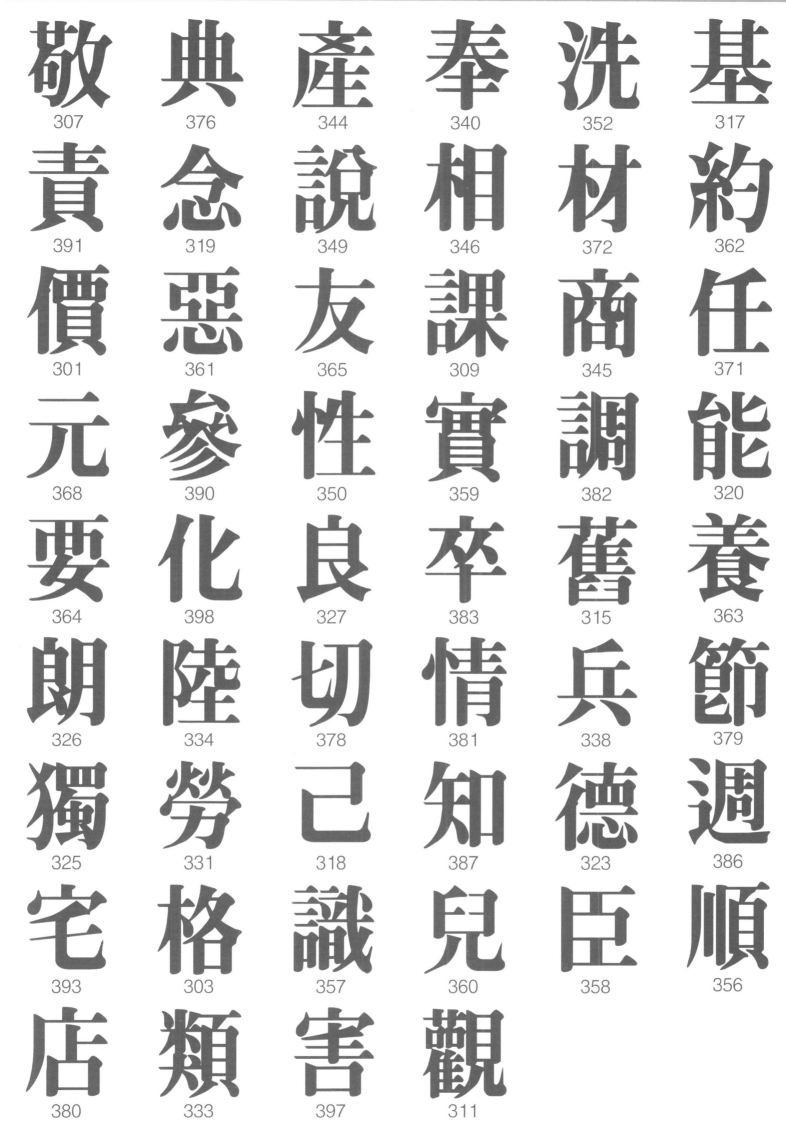

敬 307	典 376	産 344	奉 340	洗 352	基 317
責 391	念 319	說 349	相 346	材 372	約 362
價 301	惡 361	友 365	課 309	商 345	任 371
元 368	參 390	性 350	實 359	調 382	能 320
要 364	化 398	良 327	卒 383	舊 315	養 363
朗 326	陸 334	切 378	情 381	兵 338	節 379
獨 325	勞 331	己 318	知 387	德 323	週 386
宅 393	格 303	識 357	兒 360	臣 358	順 356
店 380	類 333	害 397	觀 311		

※ 섞음漢字의 암기가 끝날 무렵에는 各 漢字밑에 訓·音을 써보세요.

基 317	洗 352	奉 340	産 344	典 376	敬 307
約 362	材 372	相 346	說 349	念 319	責 391
任 371	商 345	課 309	友 365	惡 361	價 301
能 320	調 382	實 359	性 350	參 390	元 368
養 363	舊 315	卒 383	良 327	化 398	要 364
節 379	兵 338	情 381	切 378	陸 334	朗 326
週 386	德 323	知 387	己 318	勞 331	獨 325
順 356	臣 358	兒 360	識 357	格 303	宅 393
		觀 311	害 397	類 333	店 380

甘 (달 감)	↔	苦 (쓸 고)	山 (메 산)	↔	川 (내 천)
江 (강 강)	↔	山 (메 산)	上 (위 상)	↔	下 (아래 하)
强 (강할 강)	↔	弱 (약할 약)	生 (살 생)	↔	死 (죽을 사)
客 (손 객)	↔	主 (주인 주)	先 (먼저 선)	↔	後 (뒤 후)
苦 (쓸 고)	↔	樂 (즐길 락)	水 (물 수)	↔	火 (불 화)
古 (예 고)	↔	今 (이제 금)	手 (손 수)	↔	足 (발 족)
功 (공 공)	↔	過 (허물 과)	身 (몸 신)	↔	心 (마음 심)
君 (임금 군)	↔	臣 (신하 신)	心 (마음 심)	↔	體 (몸 체)
南 (남녘 남)	↔	北 (북녘 북)	有 (있을 유)	↔	無 (없을 무)
內 (안 내)	↔	外 (바깥 외)	入 (들 입)	↔	出 (날 출)
短 (짧을 단)	↔	長 (길 장)	前 (앞 전)	↔	後 (뒤 후)
冬 (겨울 동)	↔	夏 (여름 하)	朝 (아침 조)	↔	夕 (저녁 석)
東 (동녘 동)	↔	西 (서녘 서)	祖 (할아버지 조)	↔	孫 (손자 손)
勞 (일할 로)	↔	使 (부릴 사)	左 (왼 좌)	↔	右 (오른 우)
陸 (뭍 륙)	↔	海 (바다 해)	主 (주인 주)	↔	客 (손 객)
利 (이할 리)	↔	害 (해할 해)	晝 (낮 주)	↔	夜 (밤 야)
問 (물을 문)	↔	答 (대답할 답)	天 (하늘 천)	↔	地 (따 지)
班 (나눌 반)	↔	合 (합할 합)	始 (비로소 시)	↔	終 (끝 종)
父 (아비 부)	↔	母 (어미 모)	春 (봄 춘)	↔	秋 (가을 추)
分 (나눌 분)	↔	合 (합할 합)	學 (배울 학)	↔	訓 (가르칠 훈)
死 (죽을 사)	↔	活 (살 활)	合 (합할 합)	↔	別 (나눌 별)

歌 (노래 가) = 樂 (노래 악)

計 (셀 계) = 算 (셈 산)

共 (한가지 공) = 同 (한가지 동)

果 (실과 과) = 實 (열매 실)

過 (허물 과) = 失 (잘못 실)

光 (빛 광) = 色 (빛 색)

敎 (가르칠 교) = 訓 (가르칠 훈)

軍 (군사 군) = 兵 (병사 병)

軍 (군사 군) = 卒 (군사 졸)

軍 (군사 군) = 士 (군사 사)

郡 (고을 군) = 邑 (고을 읍)

郡 (고을 군) = 州 (고을 주)

根 (뿌리 근) = 本 (근본 본)

急 (급할 급) = 速 (빠를 속)

年 (해 년) = 歲 (해 세)

念 (생각 념) = 思 (생각 사)

道 (길 도) = 路 (길 로)

圖 (그림 도) = 畵 (그림 화)

旅 (나그네 려) = 客 (손님 객)

練 (익힐 련) = 習 (익힐 습)

明 (밝을 명) = 朗 (밝을 랑)

文 (글월 문) = 章 (글 장)

文 (글월 문) = 書 (글 서)

物 (물건 물) = 品 (물건 품)

班 (나눌 반) = 別 (나눌 별)

變 (변할 변) = 化 (될 화)

兵 (병사 병) = 士 (군사 사)

社 (모일 사) = 會 (모일 회)

算 (셈 산) = 數 (셈 수)

生 (살 생) = 活 (살 활)

樹 (나무 수) = 木 (나무 목)

身 (몸 신) = 體 (몸 체)

兒 (아이 아) = 童 (아이 동)

養 (기를 양) = 育 (기를 육)

言 (말씀 언) = 語 (말씀 어)

永 (길 영) = 遠 (멀 원)

偉 (클 위) = 大 (큰 대)

衣 (옷 의) = 服 (옷 복)

正 (바를 정) = 直 (곧을 직)

調 (고를 조) = 和 (화할 화)

知 (알 지) = 識 (알 식)

村 (마을 촌) = 里 (마을 리)

出 (날 출) = 生 (날 생)

海 (바다 해) = 洋 (큰바다 양)

幸 (다행 행) = 福 (복 복)

號 (이름 호) = 名 (이름 명)

5級II 漢字語 쓰기 겸 단어활용

1. 角度 (각도)
   각의 도수

2. 直角 (직각)
   두 직선이 만나서 이루는 90도의 각

3. 各國 (각국)
   각 나라. 또는 여러나라

4. 各者 (각자)
   각자의 저기 자신

5. 計算 (계산)
   셈을 헤아림

6. 公平 (공평)
   어느 쪽으로도 치우치지 않고 고름

7. 公共 (공공)
   일반 사회

8. 共同 (공동)
   여럿이 같이 함

9. 果刀 (과도)
   과일 칼

10. 光速 (광속)
    빛의 속도

11. 光線 (광선)
    빛이 내쏘는 빛줄기

12. 校長 (교장)
    학교의 최고 책임자

13. 校門 (교문)
    학교의 문

14. 球速 (구속)
    투수가 던지는 공의 속도

15. 地球 (지구)
    우리 인류가 살고 있는 천체

16. 金銀 (금은)
    금과 은

17. 黃金 (황금)
    누런 금

18. 急電 (급전)
    급한 전보

19. 急行 (급행)
    빨리 감

20. 氣運 (기운)
    생기있어 움직이는 힘

21. 國旗 (국기)
    국가의 상징으로 정하여진 기

22. 白旗 (백기)
    항복이나 표시로 쓰는 흰기

23. 南北 (남북)
    남쪽과 북쪽

24. 短身 (단신)
    키가 작음

25. 短命 (단명)
    목숨이 짧음

26. 代理 (대리)
    남을 대신하여 일을 처리함

27. 代行 (대행)
    대신하여 행함

28. 對立 (대립)
    의견이나 처지 따위가 서로 반대됨

29. 對面 (대면)
    서로 얼굴을 마주보고 대함

30. 道理 (도리)
    사람이 행하여야 할 바른 길

31. 道立 (도립)
    도에서 설립 운영하는 일

32. 圖畫 (도화)
    그림과 도안

33. 圖書 (도서)
    글씨·그림·책 등의 총칭

34. 讀書 (독서)
    책을 읽음

35. 讀者 (독자)
    책, 신문 따위의 글을 읽는 사람

36. 東門 (동문)
    동쪽에 있는 문

37. 東方 (동방)
    동쪽

38. 等級 (등급)
    위, 아래를 구별하는 등수

39. 同等 (동등)
    등급이나 정도가 같음

40. 樂園 (낙원)
    편안하게 살 수 있는 즐거운 곳

41. 樂勝 (낙승)
    힘 안들이고 수월하게 이김

42. 來日 (내일)
    오늘의 바로 다음날

※ 다음 漢字語를 5회 이상 써보고 익히세요.

1. 來世 (내세)
   죽은 후에 다시 태어나 산다는 미래의 세계

2. 老人 (노인)
   늙은 사람

3. 老父 (노부)
   늙은 아버지

4. 理由 (이유)
   구실이나 변명

5. 天理 (천리)
   하늘의 바른도시

6. 林業 (임업)
   삼림을 경영하는 사업

7. 立國 (입국)
   나라를 세움

8. 立場 (입장)
   당하고 있는 처지

9. 萬國 (만국)
   세계 모든 나라

10. 萬民 (만민)
    세계의 모든 백성

11. 每日 (매일)
    날마다

12. 每事 (매사)
    일마다, 모든 일

13. 名門 (명문)
    문벌이 좋은 집안

14. 名醫 (명의)
    의술이 뛰어난 의사

15. 明日 (명일)
    내일

16. 明白 (명백)
    아주 분명함

17. 萬物 (만물)
    온 세상에 있는 모든 물건

18. 民族 (민족)
    말, 풍습, 문화, 역사 등을 오랜 세월 동안 함께 가져온 집단

19. 民生 (민생)
    국민의 생활

20. 反對 (반대)
    남의 의견이나 언론을 찬성하지 않고 되받아서 물음

21. 反問 (반문)
    물음에 대답하지 아니하고 되받아서 물음

22. 班長 (반장)
    반의 통솔자

23. 發明 (발명)
    아직까지 없던 어떤 물건이나 방법을 새로 만들어 냄

24. 發見 (발견)
    남이 미처 보지 못한 사물을 먼저 찾아 냄

25. 方式 (방식)
    일정한 방법이나 형식

26. 方位 (방위)
    어떠한 쪽의 위치

27. 放電 (방전)
    축전지에 저장된 전기를 방출하는 현상

28. 放心 (방심)
    마음을 다잡지 못하고 풀어 놓아 버림

29. 白水 (백수)
    깨끗하고 맑은 물

30. 白日 (백일)
    밝게 갠 날

31. 夫人 (부인)
    남의 아내를 일컫는 존칭어

32. 農夫 (농부)
    농사를 짓는 사람

33. 部分 (부분)
    전체를 몇개로 나눈 것의 하나

34. 分明 (분명)
    흐리지 않고 똑똑함

35. 四寸 (사촌)
    삼촌의 아들, 딸

36. 四方 (사방)
    동·서·남·북의 모든 방향

37. 社會 (사회)
    같은 무리끼리 모여 이루는 집단

38. 社交 (사교)
    여러 사람이 모여 서로 교제함

39. 算數 (산수)
    산술 및 일반 기초적 수학

40. 上空 (상공)
    높은 하늘

41. 上氣 (상기)
    흥분이나 수치감으로 얼굴이 붉어짐

42. 色紙 (색지)
    물감을 들인 색종이

※ 다음 漢字語를 5회 이상 써보고 익히세요.

1. 生父 (생부) 자기를 낳은 아버지
2. 生母 (생모) 자기를 낳은 어머니
3. 書記 (서기) 기록을 맡아 보는 사람
4. 書堂 (서당) 글방
5. 夕陽 (석양) 저녁때의 햇빛
6. 朝夕 (조석) 아침과 저녁
7. 線路 (선로) 열차나 전차의 바퀴가 굴러가는 레일의 길
8. 白雪 (백설) 흰눈
9. 成功 (성공) 목적을 이룸
10. 成長 (성장) 자라서 점점 커짐
11. 反省 (반성) 자기의 과거의 행위에 대하여 스스로 뉘우침
12. 三省 (삼성) 매일 세번 자신을 반성함
13. 所有 (소유) 가지고 있음, 또가진
14. 所見 (소견) 사물을 보고 살펴 인식하는 생각

15. 消火 (소화) 불을끔
16. 始動 (시동) 처음으로 움직임
17. 始作 (시작) 처음으로 함
18. 食口 (식구) 한 집안에서 같이 살며 끼니를 함께하는 사람
19. 過食 (과식) 지나치게 많이 먹음
20. 信用 (신용) 믿고 씀
21. 自信 (자신) 자기의 능력이나 가치를 확신함
22. 身體 (신체) 사람의 몸
23. 身病 (신병) 몸의 병
24. 神藥 (신약) 신기하거나 효험이 있는 약
25. 新藥 (신약) 약제
26. 强弱 (강약) 강함과 약함
27. 藥物 (약물) 약제가 되는 물질
28. 藥草 (약초) 약으로 쓰는 풀

29. 語學 (어학) 말과 글을 이르는 말
30. 語文 (어문) 말과 글
31. 業體 (업체) 사업이나 기업의 주체
32. 業主 (업주) 사업이나 기업의 경영주
33. 午前 (오전) 밤 0시부터 낮 12시까지의 사이
34. 正午 (정오) 낮 열두시
35. 勇氣 (용기) 씩씩한 의기
36. 勇士 (용사) 용맹스런 사람
37. 運動 (운동) 돌아다니며 움직임
38. 運命 (운명) 운수와 명
39. 王國 (왕국) 왕을 통치자로 하는 나라
40. 王命 (왕명) 왕의 명령
41. 月食 (월식) 지구가 태양과 달의 사이에 들어 달의 일부 또는 전체가 보이지 아니한 현상
42. 今月 (금월) 이달

※ 다음 漢字語를 5회 이상 써보고 익히세요.

1. 有名 (유명) 이름이 널리 알려져 있음
2. 育成 (육성) 길러 자라게 함
3. 意圖 (의도) 장차 하려는 계획
4. 意外 (의외) 생각 밖
5. 人氣 (인기) 세상 사람의 좋은 평판
6. 人工 (인공) 사람이 하는 일
7. 弟子 (제자) 스승의 가르침을 받는 사람
8. 昨年 (작년) 지난해
9. 昨日 (작일) 어제
10. 作家 (작가) 예술품의 제작자
11. 作文 (작문) 글을 지음
12. 長短 (장단) 긴 것과 짧은 것
13. 場面 (장면) 어떤 사건이 벌어지는 광경이나 경우
14. 場外 (장외) 어떠한 처소의 바깥

15. 電氣 (전기) 원자의 이동으로 생기는 에너지의 한 형태
16. 電線 (전선) 전기가 통하는 도체로 쓰는 금속선
17. 全力 (전력) 모든 힘
18. 全部 (전부) 사물의 모두
19. 前年 (전년) 지난해, 작년
20. 戰功 (전공) 싸움에서의 공로
21. 戰術 (전술) 전쟁 실시의 방책
22. 正直 (정직) 마음에 거짓이나 꾸밈이 없이 바르고 곧음
23. 正答 (정답) 옳은 답
24. 庭園 (정원) 집안의 뜰
25. 第一 (제일) 첫째
26. 題目 (제목) 걸장에 쓴 제의 이름
27. 主體 (주체) 성질, 상태, 작용의 주(主)
28. 注目 (주목) 눈을 한곳에 쏟음

29. 注油 (주유) 자동차 등에 휘발유 따위를 주입함
30. 紙面 (지면) 신문에 글이 쓰인 겉면
31. 紙物 (지물) 온갖 종이의 총칭
32. 地位 (지위) 있는 자리
33. 地形 (지형) 땅의 생긴 모양
34. 集計 (집계) 모아서 합계 함
35. 集合 (집합) 사람들을 한 곳으로 모으거나 모임
36. 窓口 (창구) 창을 통하여 놓은 곳
37. 山川 (산천) '산과 내'라는 뜻으로 자연을 일컬음
38. 千軍 (천군) 많은 군사
39. 千金 (천금) 많은 돈
40. 天國 (천국) 하늘나라
41. 天命 (천명) 타고난 수명
42. 寸數 (촌수) 겨레 붙이 사이의 멀고 가까운 정도

1. 三寸 (삼촌)
   아버지의 형제

2. 山村 (산촌)
   산속에 있는 마을

3. 農村 (농촌)
   농사를 짓는 마을

4. 秋分 (추분)
   이십사절기의 하나로 양력 9월 23일 무렵

5. 秋色 (추색)
   가을철의 빛깔

6. 春分 (춘분)
   이십사절기의 하나로 양력 3월 21일 무렵

7. 土木 (토목)
   흙과 나무를 이용한 이르는 말

8. 風土 (풍토)
   기후와 토지의 상태

9. 便利 (편리)
   편하고 이로워서 이용하기 쉬움

10. 形便 (형편)
    일이 되어가는 모양

11. 不等 (부등)
    차별이 있어 고르고 한결 같음

12. 不和 (불화)
    평온하고 화목함

13. 表現 (표현)
    생각이나 느낌 따위를 언어나 몸짓 등으로 나타냄

14. 表記 (표기)
    겉으로 표시하여 기록함

15. 風車 (풍차)
    바람의 힘을 기계적인 힘으로 바꾸는 장치

16. 風力 (풍력)
    바람의 힘

17. 夏至 (하지)
    이십사절기의 하나로 6월 21일 무렵

18. 學校 (학교)
    교사가 학생에게 교육을 실시하는 기관

19. 學門 (학문)
    배워서 닦는 지식의 총체

20. 幸運 (행운)
    좋은 운수

21. 不幸 (불행)
    순수가 인생

22. 現金 (현금)
    오늘날의 시대

23. 現代 (현대)
    지폐나 주화

24. 放火 (방화)
    불을 지름

25. 失火 (실화)
    잘못하여 불을 냄

26. 話頭 (화두)
    이야기의 말머리

27. 話術 (화술)
    이야기 하는 재주

28. 花園 (화원)
    꽃을 심은 동산

29. 開花 (개화)
    꽃이 핌

30. 和親 (화친)
    서로 의좋게 지내는 정분

31. 和平 (화평)
    마음이 기쁘고 펀안함

32. 開會 (개회)
    회의나 회합을 시작함

33. 面會 (면회)
    직접 얼굴을 맞대고 만나봄

34. 事後 (사후)
    일이 지난 뒤

※ 여기 '섞음漢字(배정漢字) 훈·음표'에 적힌 번호와 다음장의 '섞음漢字'에 적힌 번호가 서로 일치합니다.

301 價 값 가	321 團 둥글 단	341 仕 섬길 사	361 惡 악할 악 미워할 오	381 情 뜻 정
302 客 손 객	322 當 마땅 당	342 史 사기(史記) 사	362 約 맺을 약	382 調 고를 조
303 格 격식 격	323 德 큰 덕	343 士 선비 사	363 養 기를 양	383 卒 마칠 졸
304 見 볼 견 뵈올 현	324 到 이를 도	344 産 낳을 산	364 要 요긴할 요	384 種 씨 종
305 決 결단할 결	325 獨 홀로 독	345 商 장사 상	365 友 벗 우	385 州 고을 주
306 結 맺을 결	326 朗 밝을 랑	346 相 서로 상	366 雨 비 우	386 週 주일 주
307 敬 공경 경	327 良 어질 량	347 仙 신선 선	367 雲 구름 운	387 知 알 지
308 告 고할 고	328 旅 나그네 려	348 鮮 고울 선	368 元 으뜸 원	388 質 바탕 질
309 課 공부할과 과정 과	329 歷 지날 력	349 說 말씀 설 달랠 세	369 偉 클 위	389 着 붙을 착
310 過 지날 과	330 練 익힐 련	350 性 성품 성	370 以 써 이	390 參 참여할 참
311 觀 볼 관	331 勞 일할 로	351 歲 해 세	371 任 맡길 임	391 責 꾸짖을 책
312 關 관계할관	332 流 흐를 류	352 洗 씻을 세	372 材 재목 재	392 充 채울 충
313 廣 넓을 광	333 類 무리 류	353 束 묶을 속	373 財 재물 재	393 宅 집 택
314 具 갖출 구	334 陸 뭍 륙	354 首 머리 수	374 的 과녁 적	394 品 물건 품
315 舊 예 구	335 望 바랄 망	355 宿 잘 숙 별자리 수	375 傳 전할 전	395 必 반드시 필
316 局 판(形局) 구	336 法 법 법	356 順 순할 순	376 典 법 전	396 筆 붓 필
317 基 터 기	337 變 변할 변	357 識 알 식	377 展 펼 전	397 害 해할 해
318 己 몸 기	338 兵 병사 병	358 臣 신하 신	378 切 끊을 절 온통 체	398 化 될 화
319 念 생각 념	339 福 복 복	359 實 열매 실	379 節 마디 절	399 效 본받을 효
320 能 능할 능	340 奉 받들 봉	360 兒 아이 아	380 店 가게 점	400 凶 흉할 흉

※ '섞음漢字' 사용법
1. 이곳 '섞음漢字' 훈음표의 번호와 다음쪽에 있는 '섞음漢字'의 번호가 똑같습니다.
2. '섞음漢字'를 외울때 모르는 漢字는 이곳 훈음표를 확인하여 암기하세요.
3. 책을 학습하는 도중 몇차례씩 암기하여 거의다 암기가 되도록 하세요.
4. 시험 며칠전쯤에 집에서 가위로 섞음漢字 가형을 잘라서 섞은 다음 암기가 잘 되었는지 확인해 보는 것은 최상의 방법입니다.

歷　州　變　法　仙　首
329　385　337　336　347　354

歲　士　束　傳　結　宿
351　343　353　375　306　355

效　充　到　鮮　凶　品
399　392　324　348　400　394

雨　偉　過　筆　當　團
366　369　310　396　322　321

關　流　見　種　告　必
312　332　304　384　308　395

廣　具　仕　財　局　福
313　314　341　373　316　339

客　史　練　的　雲　着
302　342　330　374　367　389

以　質　旅　望　決　展
370　388　328　335　305　377

※ 섞음漢字의 암기가 끝날 무렵에는 各 漢字밑에 訓·音을 써보세요.

奉 340	洗 352	基 317	敬 307	典 376	産 344
相 346	材 372	約 362	責 391	念 319	說 349
課 309	商 345	任 371	價 301	惡 361	友 365
實 359	調 382	能 320	元 368	參 390	性 350
卒 383	舊 315	養 363	要 364	化 398	良 327
切 378	情 381	朗 326	陸 334	兵 338	節 379
己 318	知 387	獨 325	勞 331	週 386	德 323
識 357	兒 360	宅 393	格 303	順 356	臣 358
害 397	觀 311	店 380	類 333		

※ 섞음漢字의 암기가 끝날 무렵에는 各 漢字밑에 訓·音을 써보세요.

消省　行幸　書畫畵　姓性　現理　度席
253 245　476 475　229 408 488　243 246　479 148　108 233

石右左　父交文　效教　牛午　天夫
232 321 403　197 54 170　495 53　324 310　427 198

靑情淸　言信　陽場　束東　速遠
429 389 430　302 275　296 364　255 114　254 329

目自　白百　使便　有育　分公　雲雪
167 357　185 186　210 458　337 340　201 41　326 241

北比　門問聞間　友反　和知　同洞
200 203　169 171 172 8　323 178　487 415　117 116

約的　新親　土士　下不　注住　綠線
294 374　277 444　452 213　465 202　407 406　141 235

色邑　客各　區品　弟第　四西　失先
226 344　14 7　59 461　391 392　207 228　281 234

堂當　班分　廣黃　調週　空窓　有育
99 100　180 201　51 492　396 409　40 422　337 340

放族旅旗　科課　孝老　每海　昨作
183 399 130 78　44 46　494 138　158 473　361 362

花化
486 489

❖❖ 두음법칙 (頭音法則)

두음법칙이란 첫소리가 'ㄹ'이나 'ㄴ'으로 소리나는 한자어(漢字語)가 그 독음이 'ㄹ'은 'ㄴ'과 'ㅇ'으로 'ㄴ'은 'ㅇ'으로 바뀌는 것을 말한다.

<例>	路線	冷氣	流水	女子
	로선	랭기	류수	녀자
	노선	냉기	유수	여자

1. 'ㄹ'이 'ㄴ'으로 바뀌는 경우

朗 · 明朗(명랑) : 朗讀(낭독)

勞 · 過勞(과로) : 勞使(노사), 勞動(노동)

來 · 未來(미래) : 來社(내사), 來日(내일)

2. 'ㄹ'이 'ㅇ'으로 바뀌는 경우

旅 · 行旅(행려) : 旅客(여객), 旅行(여행)

良 · 改良(개량) : 良心(양심), 良民(양민)

陸 · 內陸(내륙) : 陸地(육지), 陸路(육로)

練 · 訓練(훈련) : 練習(연습)

流 · 寒流(한류) : 流用(유용), 流動(유동)

3. 'ㄴ'이 'ㅇ'으로 바뀌는 경우

女 · 男女(남녀) : 女子(여자), 女人(여인)

念 · 記念(기념) : 念頭(염두), 念願(염원)

※ 다음 漢字語의 讀音을 쓰시오.

정답은 50쪽 하단

1. 行 旅 [　　]	7. 勞 動 [　　]	13. 陸 地 [　　]	19. 男 女 [　　]
2. 旅 費 [　　]	8. 勞 使 [　　]	14. 訓 練 [　　]	20. 女 性 [　　]
3. 旅 客 [　　]	9. 善 良 [　　]	15. 練 習 [　　]	21. 有 念 [　　]
4. 未 來 [　　]	10. 良 心 [　　]	16. 種 類 [　　]	22. 念 頭 [　　]
5. 來 日 [　　]	11. 水 陸 [　　]	17. 人 類 [　　]	23. 念 願 [　　]
6. 功 勞 [　　]	12. 陸 軍 [　　]	18. 分 類 [　　]	

∷ 동자이음자 (同字異音字)

2가지 이상의 音을 가진 한자

	훈음(訓音)	예(例)
金	쇠 금, 성 김	千金(천금), 金氏(김씨)
度	법도 도, 헤아릴 탁	法度(법도), 度地(탁지)
讀	읽을 독, 구절 두	讀書(독서), 口讀(구두)
車	수레 거, 수레 차	自轉車(자전거), 汽車(기차)
樂	즐거울 락(낙), 노래 악, 좋아할 요	樂園(낙원), 音樂(음악), 樂山樂水(요산요수)
不	아닐 불, 아닐 부	不可能(불가능), 不當(부당)
北	북녘 북, 패할 배	東北(동북), 敗北(패배)
省	살필 성, 덜 생	反省(반성), 省略(생략)
惡	악할 악, 미워할 오	惡人(악인), 憎惡(증오), 憎(미워할 증)
切	끊을 절, 온통 체	切斷(절단), 一切(일체)
便	편안할 편, 똥·오줌 변	便利(편리), 便所(변소)
行	다닐 행, 항렬 항	行動(행동), 行列(항렬)
畫	그림 화, 그을 획	畫家(화가), 計畫(계획)

∷ 不(아닐불)의 용법

'不'의 기본 훈(訓)과 음(音)은 '아닐불'이다. 그러나 '不'자를 시작으로 만들어진 한자어(漢字語) 중에서 '不'(아닐불)자의 다음 한자(漢字)의 첫음절이 'ㄷ'과 'ㅈ'일 경우에는 '不'(아닐부)로 쓰고 읽어야 한다.

<예(例)>
不同(부동), 默默 - 不答(묵묵부답), 不當(부당), 不道德(부도덕), 不定(부정), 不足(부족),
不傳達(부전달), 不正行爲(부정행위) 등
<예외(例外)> 不實 企業(부실기업), 獨 不將 軍(독불장군)

5級 Ⅱ 독음(讀音) 쓰기연습

해답은 50쪽

※ 다음 漢字語의 讀音을 쓰시오. ※ 두 줄을 먼저 써보고 미흡할때는 '섞음漢字'를 다시 복습하고 푸세요.

1. 自 然 [　　]	26. 傳 記 [　　]	51. 開 發 [　　]
2. 午 後 [　　]	27. 節 電 [　　]	52. 特 別 [　　]
3. 番 號 [　　]	28. 計 算 [　　]	53. 表 現 [　　]
4. 歲 月 [　　]	29. 正 答 [　　]	54. 白 雪 [　　]
5. 讀 書 [　　]	30. 救 命 [　　]	55. 銀 行 [　　]
6. 宅 地 [　　]	31. 漢 字 [　　]	56. 失 禮 [　　]
7. 左 右 [　　]	32. 庭 園 [　　]	57. 多 産 [　　]
8. 消 化 [　　]	33. 半 生 [　　]	58. 男 便 [　　]
9. 戰 線 [　　]	34. 植 木 日 [　　]	59. 苦 樂 [　　]
10. 節 約 [　　]	35. 價 格 [　　]	60. 展 示 [　　]
11. 南 北 [　　]	36. 大 成 [　　]	61. 音 樂 [　　]
12. 社 會 [　　]	37. 形 體 [　　]	62. 朝 夕 [　　]
13. 要 約 [　　]	38. 來 年 [　　]	63. 食 品 [　　]
14. 昨 年 [　　]	39. 家 族 [　　]	64. 反 對 [　　]
15. 宿 命 [　　]	40. 先 後 [　　]	65. 地 圖 [　　]
16. 傳 說 [　　]	41. 理 由 [　　]	66. 內 室 [　　]
17. 洋 藥 [　　]	42. 黃 色 [　　]	67. 問 答 [　　]
18. 財 産 [　　]	43. 所 用 [　　]	68. 國 民 [　　]
19. 家 門 [　　]	44. 校 歌 [　　]	69. 發 展 [　　]
20. 幸 福 [　　]	45. 現 在 [　　]	70. 夏 服 [　　]
21. 作 成 [　　]	46. 道 路 [　　]	71. 社 訓 [　　]
22. 成 功 [　　]	47. 偉 大 [　　]	72. 運 動 [　　]
23. 感 情 [　　]	48. 農 事 [　　]	73. 使 命 [　　]
24. 多 讀 [　　]	49. 身 體 [　　]	74. 夜 間 [　　]
25. 番 地 [　　]	50. 五 勝 [　　]	75. 角 度 [　　]

※ 다음 漢字語의 讀音을 쓰시오.

해답은 50쪽

1. 反省 [　　　]
2. 定式 [　　　]
3. 勝利 [　　　]
4. 德行 [　　　]
5. 英才 [　　　]
6. 美術 [　　　]
7. 信者 [　　　]
8. 晝夜 [　　　]
9. 特急 [　　　]
10. 休養 [　　　]
11. 發病 [　　　]
12. 樹林 [　　　]
13. 共感 [　　　]
14. 靑天 [　　　]
15. 勞動 [　　　]
16. 春秋 [　　　]
17. 洗練 [　　　]
18. 半生 [　　　]
19. 旅情 [　　　]
20. 量産 [　　　]
21. 性急 [　　　]
22. 廣場 [　　　]
23. 速度 [　　　]
24. 飮食 [　　　]
25. 旅客 [　　　]

26. 相關 [　　　]
27. 善惡 [　　　]
28. 約束 [　　　]
29. 意向 [　　　]
30. 廣告 [　　　]
31. 貴族 [　　　]
32. 歷任 [　　　]
33. 分明 [　　　]
34. 再建 [　　　]
35. 合宿 [　　　]
36. 天性 [　　　]
37. 重責 [　　　]
38. 始終 [　　　]
39. 切親 [　　　]
40. 結實 [　　　]
41. 一切 [　　　]
42. 到來 [　　　]
43. 筆者 [　　　]
44. 終着 [　　　]
45. 着實 [　　　]
46. 宅地 [　　　]
47. 例事 [　　　]
48. 決意 [　　　]
49. 人材 [　　　]
50. 來週 [　　　]

51. 始祖 [　　　]
52. 班長 [　　　]
53. 信奉 [　　　]
54. 救命 [　　　]
55. 決定 [　　　]
56. 才能 [　　　]
57. 古今 [　　　]
58. 對話 [　　　]
59. 古代 [　　　]
60. 貴重 [　　　]
61. 敬老 [　　　]
62. 電話局 [　　　]
63. 特使 [　　　]
64. 男女 [　　　]
65. 運命 [　　　]
66. 左右 [　　　]
67. 財界 [　　　]
68. 健實 [　　　]
69. 終末 [　　　]
70. 感知 [　　　]
71. 實査 [　　　]
72. 反省 [　　　]
73. 三省 [　　　]
74. 養育 [　　　]
75. 林野 [　　　]

1. 年 歲 [   ]
2. 種 類 [   ]
3. 失 效 [   ]
4. 注 意 [   ]
5. 變 化 [   ]
6. 晝 夜 [   ]
7. 通 關 [   ]
8. 集 計 [   ]
9. 格 言 [   ]
10. 金 銀 [   ]
11. 善 惡 [   ]
12. 陸 橋 [   ]
13. 番 地 [   ]
14. 品 格 [   ]
15. 上 春 [   ]
16. 知 識 [   ]
17. 先 手 [   ]
18. 通 過 [   ]
19. 團 地 [   ]
20. 藥 局 [   ]
21. 陸 路 [   ]
22. 材 木 [   ]
23. 苦 待 [   ]
24. 登 校 [   ]
25. 敬 天 [   ]

26. 到 着 [   ]
27. 交 戰 [   ]
28. 物 價 [   ]
29. 庭 園 [   ]
30. 良 心 [   ]
31. 發 表 [   ]
32. 必 要 [   ]
33. 節 約 [   ]
34. 天 性 [   ]
35. 無 情 [   ]
36. 許 可 [   ]
37. 客 車 [   ]
38. 强 力 [   ]
39. 反 則 [   ]
40. 價 格 [   ]
41. 始 祖 [   ]
42. 傳 來 [   ]
43. 强 要 [   ]
44. 要 所 [   ]
45. 親 族 [   ]
46. 神 明 [   ]
47. 變 質 [   ]
48. 前 週 [   ]
49. 性 質 [   ]
50. 充 當 [   ]

51. 財 團 [   ]
52. 方 向 [   ]
53. 開 店 [   ]
54. 感 情 [   ]
55. 責 任 [   ]
56. 立 席 [   ]
57. 合 班 [   ]
58. 太 陽 [   ]
59. 勇 氣 [   ]
60. 海 風 [   ]
61. 昨 年 [   ]
62. 注 意 [   ]
63. 放 火 [   ]
64. 合 同 [   ]
65. 便 利 [   ]
66. 庭 園 [   ]
67. 人 和 [   ]
68. 夏 服 [   ]
69. 禮 樂 [   ]
70. 醫 藥 [   ]
71. 石 油 [   ]
72. 海 上 [   ]
73. 工 業 [   ]
74. 子 孫 [   ]
75. 改 良 [   ]

※ 다음 漢字語의 讀音을 쓰시오.

해답은 55쪽

1. 苦 待 [   ]
2. 强 弱 [   ]
3. 注 油 [   ]
4. 會 社 [   ]
5. 紙 面 [   ]
6. 窓 門 [   ]
7. 電 車 [   ]
8. 漢 藥 [   ]
9. 傳 說 [   ]
10. 朝 會 [   ]
11. 失 神 [   ]
12. 平 和 [   ]
13. 集 中 [   ]

14. 交 感 [   ]
15. 番 號 [   ]
16. 親 族 [   ]
17. 參 加 [   ]
18. 民 族 [   ]
19. 訓 話 [   ]
20. 集 合 [   ]
21. 學 校 [   ]
22. 效 果 [   ]
23. 英 雄 [   ]
24. 名 醫 [   ]
25. 種 類 [   ]
26. 再 建 [   ]

27. 海 流 [   ]
28. 形 成 [   ]
29. 主 客 [   ]
30. 知 識 [   ]
31. 改 定 [   ]
32. 順 位 [   ]
33. 舊 習 [   ]
34. 變 化 [   ]
35. 洗 面 [   ]
36. 孝 行 [   ]
37. 性 質 [   ]
38. 到 着 [   ]

┃┃ 독음 46쪽 정답 1.행려 2.여비 3.여객 4.미래 5.내일 6.공로 7.노동 8.노사 9.선량 10.양심 11.수륙 12.육군 13.양지 14.훈련 15.연습 16.종류 17.인류 18.분류 19.남녀 20.여성 21.유념 22.염두 23.염원

┃┃ 독음 47쪽 정답 1.자연 2.오후 3.번호 4.세월 5.독서 6.택지 7.좌우 8.소화 9.전선 10.절약 11.남북 12.사회 13.요약 14.작년 15.숙명 16.전설 17.양약 18.재산 19.가문 20.행복 21.작성 22.성공 23.감정 24.다독 25.번지 26.전기 27.절전 28.계산 29.정답 30.구명 31.한자 32.정원 33.반생 34.식목일 35.가격 36.대성 37.형체 38.내년 39.가족 40.선후 41.이유 42.황색 43.소용 44.교가 45.현재 46.도로 47.위대 48.농사 49.신체 50.오승 51.개발 52.특별 53.표현 54.백설 55.은행 56.실례 57.다산 58.남편 59.고락 60.전시 61.음악 62.조석 63.식품 64.반대 65.지도 66.내실 67.문답 68.국민 69.발전 70.하복 71.사훈 72.운동 73.사명 74.야간 75.각도

┃┃ 독음 48쪽 정답 1.반성 2.정식 3.승리 4.덕행 5.영재 6.미술 7.신자 8.주야 9.특급 10.휴양 11.발병 12.수립 13.공감 14.청천 15.노동 16.춘추 17.세련 18.반생 19.여정 20.양산 21.성급 22.광장 23.속도 24.음식 25.여객 26.상관 27.선악 28.약속 29.의향 30.광고 31.귀족 32.역임 33.분명 34.재건 35.합숙 36.천성 37.중책 38.시종 39.절친 40.결실 41.일체 42.도래 43.필자 44.종착 45.착실 46.택지 47.예사 48.결의 49.인재 50.내주 51.시조 52.반장 53.신봉 54.구명 55.결정 56.재능 57.고금 58.대화 59.고대 60.귀중 61.경로 62.전화국 63.특사 64.남녀 65.운명 66.좌우 67.재계 68.건실 69.종말 70.감지 71.실사 72.반성 73.삼성 74.양육 75.임야

┃┃ 독음 49쪽 정답 1.연세 2.종류 3.실효 4.주의 5.변화 6.주야 7.통관 8.집계 9.격언 10.금은 11.선악 12.육교 13.번지 14.품격 15.상춘 16.지식 17.선수 18.통과 19.단지 20.약국 21.육로 22.재목 23.고대 24.등교 25.경천 26.도착 27.고전 28.물가 29.정원 30.양심 31.발표 32.필요 33.요약 34.천성 35.무정 36.허가 37.객차 38.강력 39.반칙 40.가격 41.시조 42.전래 43.강요 44.요소 45.친족 46.신명 47.번질 48.전주 49.성질 50.충당 51.재단 52.방향 53.개점 54.감정 55.책임 56.입석 57.합반 58.태양 59.용기 60.해풍 61.작년 62.주의 63.방화 64.합동 65.편리 66.정원 67.인화 68.하복 69.예약 70.의약 71.석유 72.해상 73.공업 74.자손 75.개량

※ 다음 漢字의 訓과 音을 쓰시오.

1. 消 [   ]
2. 音 [   ]
3. 愛 [   ]
4. 醫 [   ]
5. 遠 [   ]
6. 注 [   ]
7. 重 [   ]
8. 黃 [   ]
9. 感 [   ]
10. 米 [   ]
11. 畫 [   ]
12. 發 [   ]
13. 放 [   ]
14. 有 [   ]
15. 短 [   ]
16. 雪 [   ]
17. 美 [   ]
18. 運 [   ]
19. 席 [   ]
20. 北 [   ]
21. 市 [   ]
22. 軍 [   ]
23. 英 [   ]
24. 才 [   ]
25. 角 [   ]

26. 形 [   ]
27. 球 [   ]
28. 苦 [   ]
29. 强 [   ]
30. 實 [   ]
31. 百 [   ]
32. 陽 [   ]
33. 六 [   ]
34. 藥 [   ]
35. 算 [   ]
36. 童 [   ]
37. 意 [   ]
38. 頭 [   ]
39. 窓 [   ]
40. 古 [   ]
41. 開 [   ]
42. 弱 [   ]
43. 能 [   ]
44. 放 [   ]
45. 在 [   ]
46. 位 [   ]
47. 洋 [   ]
48. 半 [   ]
49. 京 [   ]
50. 束 [   ]

51. 時 [   ]
52. 度 [   ]
53. 流 [   ]
54. 本 [   ]
55. 午 [   ]
56. 線 [   ]
57. 筆 [   ]
58. 花 [   ]
59. 江 [   ]
60. 昨 [   ]
61. 急 [   ]
62. 省 [   ]
63. 林 [   ]
64. 界 [   ]
65. 油 [   ]
66. 訓 [   ]
67. 用 [   ]
68. 部 [   ]
69. 便 [   ]
70. 心 [   ]
71. 晝 [   ]
72. 夏 [   ]
73. 身 [   ]
74. 休 [   ]
75. 望 [   ]

※ 다음 漢字의 訓과 音을 쓰시오.

1. 草 [   ]
2. 李 [   ]
3. 必 [   ]
4. 待 [   ]
5. 近 [   ]
6. 野 [   ]
7. 第 [   ]
8. 記 [   ]
9. 別 [   ]
10. 室 [   ]
11. 識 [   ]
12. 中 [   ]
13. 淸 [   ]
14. 集 [   ]
15. 充 [   ]
16. 例 [   ]
17. 牛 [   ]
18. 放 [   ]
19. 太 [   ]
20. 番 [   ]
21. 材 [   ]
22. 服 [   ]
23. 聞 [   ]
24. 少 [   ]
25. 速 [   ]

26. 由 [   ]
27. 理 [   ]
28. 朝 [   ]
29. 區 [   ]
30. 歲 [   ]
31. 方 [   ]
32. 間 [   ]
33. 春 [   ]
34. 到 [   ]
35. 奉 [   ]
36. 再 [   ]
37. 幸 [   ]
38. 會 [   ]
39. 飮 [   ]
40. 考 [   ]
41. 仕 [   ]
42. 紙 [   ]
43. 景 [   ]
44. 週 [   ]
45. 順 [   ]
46. 的 [   ]
47. 己 [   ]
48. 通 [   ]
49. 良 [   ]
50. 客 [   ]

51. 示 [   ]
52. 課 [   ]
53. 觀 [   ]
54. 消 [   ]
55. 光 [   ]
56. 漢 [   ]
57. 雲 [   ]
58. 宿 [   ]
59. 財 [   ]
60. 植 [   ]
61. 勞 [   ]
62. 念 [   ]
63. 知 [   ]
64. 比 [   ]
65. 習 [   ]
66. 貴 [   ]
67. 冬 [   ]
68. 向 [   ]
69. 兵 [   ]
70. 識 [   ]
71. 旅 [   ]
72. 堂 [   ]
73. 告 [   ]
74. 術 [   ]
75. 停 [   ]

※ 다음 漢字의 訓과 音을 쓰시오.

해답은 55쪽

1. 種 [   ]
2. 例 [   ]
3. 習 [   ]
4. 樹 [   ]
5. 止 [   ]
6. 團 [   ]
7. 孫 [   ]
8. 福 [   ]
9. 責 [   ]
10. 基 [   ]
11. 具 [   ]
12. 質 [   ]
13. 交 [   ]
14. 旗 [   ]
15. 永 [   ]
16. 根 [   ]
17. 海 [   ]
18. 類 [   ]
19. 洋 [   ]
20. 洗 [   ]
21. 店 [   ]
22. 失 [   ]
23. 面 [   ]
24. 使 [   ]
25. 空 [   ]

26. 德 [   ]
27. 所 [   ]
28. 溫 [   ]
29. 鮮 [   ]
30. 安 [   ]
31. 共 [   ]
32. 首 [   ]
33. 綠 [   ]
34. 偉 [   ]
35. 畫 [   ]
36. 終 [   ]
37. 登 [   ]
38. 然 [   ]
39. 養 [   ]
40. 工 [   ]
41. 産 [   ]
42. 以 [   ]
43. 孫 [   ]
44. 電 [   ]
45. 歷 [   ]
46. 色 [   ]
47. 始 [   ]
48. 敬 [   ]
49. 角 [   ]
50. 樂 [   ]

51. 例 [   ]
52. 獨 [   ]
53. 江 [   ]
54. 勇 [   ]
55. 朗 [   ]
56. 感 [   ]
57. 邑 [   ]
58. 度 [   ]
59. 清 [   ]
60. 令 [   ]
61. 過 [   ]
62. 和 [   ]
63. 病 [   ]
64. 鮮 [   ]
65. 高 [   ]
66. 效 [   ]
67. 醫 [   ]
68. 科 [   ]
69. 仙 [   ]
70. 家 [   ]
71. 新 [   ]
72. 式 [   ]
73. 着 [   ]
74. 廣 [   ]
75. 災 [   ]

1. 州 [　　　　　]　　26. 根 [　　　　　]　　51. 讀 [　　　　　]

2. 號 [　　　　　]　　27. 林 [　　　　　]　　52. 曲 [　　　　　]

3. 神 [　　　　　]　　28. 開 [　　　　　]　　53. 談 [　　　　　]

4. 費 [　　　　　]　　29. 體 [　　　　　]　　54. 油 [　　　　　]

5. 表 [　　　　　]　　30. 消 [　　　　　]　　55. 祖 [　　　　　]

6. 現 [　　　　　]　　31. 綠 [　　　　　]　　56. 品 [　　　　　]

7. 藥 [　　　　　]　　32. 結 [　　　　　]　　57. 今 [　　　　　]

8. 奉 [　　　　　]　　33. 特 [　　　　　]　　58. 相 [　　　　　]

9. 典 [　　　　　]　　34. 典 [　　　　　]　　59. 黃 [　　　　　]

10. 原 [　　　　　]　　35. 歌 [　　　　　]　　60. 寸 [　　　　　]

11. 熱 [　　　　　]　　36. 雪 [　　　　　]　　61. 洗 [　　　　　]

12. 炭 [　　　　　]　　37. 銀 [　　　　　]　　62. 樹 [　　　　　]

13. 勝 [　　　　　]　　38. 野 [　　　　　]　　63. 友 [　　　　　]

14. 朴 [　　　　　]　　39. 選 [　　　　　]　　64. 育 [　　　　　]

15. 性 [　　　　　]　　40. 弱 [　　　　　]　　65. 答 [　　　　　]

16. 仕 [　　　　　]　　41. 宿 [　　　　　]　　66. 號 [　　　　　]

17. 向 [　　　　　]　　42. 朝 [　　　　　]　　67. 園 [　　　　　]

18. 分 [　　　　　]　　43. 服 [　　　　　]　　68. 夜 [　　　　　]

19. 第 [　　　　　]　　44. 堂 [　　　　　]　　69. 重 [　　　　　]

20. 英 [　　　　　]　　45. 洞 [　　　　　]　　70. 偉 [　　　　　]

21. 展 [　　　　　]　　46. 操 [　　　　　]　　71. 昨 [　　　　　]

22. 變 [　　　　　]　　47. 舊 [　　　　　]　　72. 窓 [　　　　　]

23. 約 [　　　　　]　　48. 昨 [　　　　　]　　73. 淸 [　　　　　]

24. 對 [　　　　　]　　49. 待 [　　　　　]　　74. 間 [　　　　　]

25. 速 [　　　　　]　　50. 圖 [　　　　　]　　75. 光 [　　　　　]

※ 다음 漢字의 訓과 音을 쓰시오.

해답은 56쪽

1. 洋 [   ]   5. 太 [   ]   9. 例 [   ]

2. 吉 [   ]   6. 寫 [   ]   10. 習 [   ]

3. 永 [   ]   7. 種 [   ]   11. 遠 [   ]

4. 便 [   ]   8. 使 [   ]

▌▌ 독음 50쪽 정답 1.고대 2.강약 3.주유 4.회사 5.지면 6.창문 7.전차 8.한약 9.전설 10.조회 11.실신 12.평화 13.집중 14.교감 15.번호 16.친족 17.참가 18.민족 19.훈화 20.집합 21.학교 22.효과 23.영웅 24.명의 25.종류 26.재건 27.해류 28.형성 29.주객 30.지식 31.개정 32.순위 33.구습 34.변화 35.세면 36.효행 37.성질 38.도착

▌▌ 훈음 51쪽 정답 1.사라질 소 2.소리 음 3.사랑 애 4.의원 의 5.멀 원 6.부을 주 7.무거울 중 8.누를 황 9.느낄 감 10.쌀 미 11.그림 화/그을 획 12.필 발 13.놓을 방 14.있을 유 15.짧을 단 16.눈 설 17.아름다울 미 18.옮길 운 19.자리 석 20.북녘 북/달아날 배 21.저자 시 22.군사 군 23.꽃부리 영 24.재주 재 25.뿔 각 26.형상 형 27.공 구 28.쓸 고 29.강할 강 30.열매 실 31.일백 백 32.별 양 33.여섯 륙 34.약 약 35.셈 산 36.아이 동 37.뜻 의 38.머리 두 39.창 창 40.예 고 41.열 개 42.약할 약 43.능할 능 44.놓을 방 45.있을 재 46.자리 위 47.큰바다 양 48.반 반 49.서울 경 50.묶을 속 51.때 시 52.법도 도 53.흐를 류 54.근본 본 55.낮 오 56.줄 선 57.붓 필 58.꽃 화 59.강 강 60.어제 작 61.급할 급 62.살필 성/덜 생 63.수풀 림 64.지경 계 65.기름 유 66.가르칠 훈 67.쓸 용 68.떼 부 69.편할 편/똥오줌 변 70.마음 심 71.낮 주 72.여름 하 73.몸 신 74.쉴 휴 75.바랄 망

▌▌ 훈음 52쪽 정답 1.풀 초 2.오얏 리 3.반드시 필 4.기다릴 대 5.가까울 근 6.들 야 7.차례 제 8.기록할 기 9.다를 별/나눌 별 10.집 실 11.알 식 12.가운데 중 13.맑을 청 14.모을 집 15.채울 충 16.법식 례 17.소 우 18.놓을 방 19.클 태 20.차례 번 21.재목 재 22.옷 복 23.들을 문 24.적을 소 25.빠를 속 26.말미암을 유 27.다스릴 리 28.아침 조 29.구분할 구/지경 구 30.해 세 31.모방 32.사이 간 33.봄 춘 34.이를 도 35.받들 봉 36.두 재 37.다행 행 38.모일 회 39.마실 음 40.생각할 고 41.섬길 사 42.종이 지 43.별 경 44.주일 주 45.순할 순 46.과녁 적 47.몸 기 48.통할 통 49.어질 량 50.손 객 51.보일 시 52.과정 과/공부할 과 53.볼 관 54.사라질 소 55.빛 광 56.한수 한/한나라 한 57.구름 운 58.잘 숙 59.재물 재 60.심을 식 61.일할 로 62.생각할 념 63.알 지 64.견줄 비 65.익힐 습 66.귀할 귀 67.겨울 동 68.향할 향 69.군사 병 70.알 식 71.나그네 려 72.집 당 73.고할 고 74.재주 술 75.머무를 정

▌▌ 훈음 53쪽 정답 1.씨 종 2.법식 례 3.익힐 습 4.나무 수 5.그칠 지 6.둥글 단 7.손자 손 8.복 복 9.꾸짖을 책 10.터 기 11.갖출 구 12.바탕 질 13.사귈 교 14.기 기 15.길 영 16.뿌리 근 17.바다 해 18.무리 류 19.큰바다 양 20.씻을 세 21.가게 점 22.잃을 실 23.낮 면 24.하여금 사/부릴 사 25.빌 공 26.큰 덕 27.바 소 28.따뜻할 온 29.고울 선 30.편안할 안 31.함께 공 32.머리 수 33.푸를 록 34.클 위 35.그림 화/그을 획 36.마칠 종 37.오를 등 38.그릴 연 39.기를 양 40.장인 공 41.낳을 산 42.써 이 43.손자 손 44.번개 전 45.지날 력 46.빛 색 47.비로소 시 48.공경할 경 49.뿔 각 50.즐거울 락/풍류 악 51.법식 례 52.홀로 독 53.강 강 54.날랠 용 55.밝을 랑 56.느낄 감 57.고을 읍 58.법도 도/헤아릴 탁 59.맑을 청 60.하여금 령 61.지날 과 62.화할 화 63.병 병 64.고울 선 65.높을 고 66.본받을 효 67.의원 의 68.과목 과 69.신선 선 70.집 가 71.새 신 72.법 식 73.붙을 착 74.넓을 광 75.재앙 재

▌▌ 훈음 54쪽 정답 1.고을 주 2.이름 호 3.귀신 신 4.쓸 비 5.겉 표 6.나타날 현 7.약 약 8.받들 봉 9.법 전 10.언덕 원 11.더울 열 12.숯 탄 13.이길 승 14.성 박 15.성품 성 16.섬길 사 17.향할 향 18.나눌 분 19.차례 제 20.꽃부리 영 21.펼 전 22.변할 변 23.맺을 약 24.대할 대 25.빠를 속 26.뿌리 근 27.수풀 림 28.열 개 29.몸 체 30.사라질 소 31.푸를 록 32.맺을 결 33.특별할 특 34.법 전 35.노래 가 36.눈 설 37.은 은 38.들 야 39.가릴 선 40.약할 약 41.잘 숙 42.아침 조 43.옷 복 44.집 당 45.골 동/밝을 통 46.잡을 조 47.예 구 48.어제 작 49.기다릴 대 50.그림 도 51.읽을 독 52.굽을 곡 53.말씀 담 54.기름 유 55.할아비 조 56.물건 품 57.이제 금 58.서로 상 59.누를 황 60.마디 촌 61.씻을 세 62.나무 수 63.벗 우 64.기를 육 65.대답 답 66.이름 호 67.동산 원 68.밤 야 69.무거울 중 70.클 위 71.어제 작 72.창 창 73.맑을 청 74.사이 간 75.빛 광

基本字(기본자)	略字(약자)	基本字(기본자)	略字(약자)	基本字(기본자)	略字(약자)
國 (나라 국)	国	樂 (풍류 악)(즐길 락)	楽	藥 (약 약)	薬
氣 (기운 기)	気	來 (올 래)	来	戰 (싸울 전)	战
對 (대할 대)	対	萬 (일만 만)	万	體 (몸 체)	体
圖 (그림 도)	図	發 (필 발)	発	學 (배울 학)	学
讀 (읽을 독)	読	世 (세상 세)	𠀋	會 (모일 회)	会
同 (한가지 동)	仝	數 (셈할 수)	数		

※ 다음 漢字의 略字(약자 : 획수를 줄인 漢字)를 쓰고, 略字는 基本字(기본자)로 고쳐 쓰시오.

1. 體 [   ]   2. 對 [   ]   3. 戰 [   ]   4. 區 [   ]   5. 醫 [   ]

6. 學 [   ]   7. 讀 [   ]   8. 會 [   ]   9. 圖 [   ]   10. 氣 [   ]

11. 同 [   ]   12. 樂 [   ]   13. 萬 [   ]   14. 發 [   ]   15. 世 [   ]

16. 數 [   ]   17. 國 [   ]   18. 図 [   ]   19. 仝 [   ]   20. 战 [   ]

21. 学 [   ]   22. 体 [   ]   23. 区 [   ]

▌▌56쪽 훈음정답

1.큰바다 양 2.길할 길 3.길 영 4.편할 편/똥오줌 변 5.클 태 6.베낄 사 7.심을 종 8.하여금 사 9.법식 례 10.익힐 습 11.멀 원

家內工業	(가내공업)	집 안에 단순한 기술과 도구로써 작은 규모로 생산하는 수공업
家庭敎育	(가정교육)	어른들이 자녀들에게 주는 영향이나 가르침
各人各色	(각인각색)	사람마다 각기 다름
見物生心	(견물생심)	어떤 물건을 보았을 때 갖고 싶은 욕심이 생기는 것으로 소유욕을 경계하라는 뜻
決死反對	(결사반대)	죽을 것을 각오하고 있는 힘을 다하여 반대함.
敬老孝親	(경로효친)	어른을 공경하고 부모에게 효도함.
敬天愛人	(경천애인)	하늘을 공경하고 인간을 사랑함.
公明正大	(공명정대)	하는 일이나 행동이 떳떳하고 바름
敎學相長	(교학상장)	가르치고 배우면서 서로 성장함.
九死一生	(구사일생)	아홉 번 죽을 뻔하다 한 번 살아난다는 뜻으로, 죽을 고비를 여러차례 넘기고 겨우 살아남음을 뜻함.
國民年金	(국민연금)	일정기간 또는 죽을 때까지 해마다 지급되는 일정액의 돈
南男北女	(남남북녀)	우리나라에서 남자는 남쪽지방 사람이 잘나고 여자는 북쪽 지방사람이 아름답다는 말
男女有別	(남녀유별)	남자와 여자 사이에 분별이 있어야 함
男女老少	(남녀노소)	남자와 여자, 늙은이와 젊은이
多才多能	(다재다능)	재주와 능력이 여러 가지로 많음
大韓民國	(대한민국)	우리나라의 국호 (나라이름)
同生共死	(동생공사)	서로 같이 살고 같이 죽음
同苦同樂	(동고동락)	괴로움과 즐거움을 함께 함
東問西答	(동문서답)	물음과는 전혀 상관없는 엉뚱한 대답을 한다는 뜻
東西古今	(동서고금)	동양과 서양, 옛날이나 지금을 통틀어 하는 말
東西南北	(동서남북)	동쪽, 서쪽, 남쪽, 북쪽 모든 방향.
同時多發	(동시다발)	연이어 일이 일어남
馬耳東風	(마이동풍)	말의 귀가 바람이 불어도 움직이지 않듯 남의 말을 귀담아 듣지 아니하고 지나쳐 버림
萬里長天	(만리장천)	아득이 높고 먼 하늘
聞一知十	(문일지십)	하나를 들으면 열을 알 정도로 매우 총명함.
門前成市	(문전성시)	찾아오는 사람이 많아 집 앞이 시장과 같다는 뜻
百年河淸	(백년하청)	아무리 오랜 시일이 지나도 어떤 일이 이루어지기 어렵다는 뜻
白面書生	(백면서생)	공부만 하고 세상일에는 전혀 경험이 없는 사람
百發百中	(백발백중)	백 번 쏘아 백 번 맞힌다는 뜻으로 하는 일마다 모두 잘됨.

白衣民族	(백의민족)	흰옷을 좋아하는 민족이라는 뜻으로, 우리 민족을 뜻함.
百戰百勝	(백전백승)	싸울 때마다 다 이김
奉仕活動	(봉사활동)	남을 위하여 힘껏 도와줌.
父母兄弟	(부모형제)	아버지, 어머니, 형, 아우
父子有親	(부자유친)	아버지와 아들 사이는 친함이 있어야 함.
父傳子傳	(부전자전)	아버지가 아들에게 대대로 전함.
北窓三友	(북창삼우)	거문고, 술, 시(詩)를 아울러 이르는 말
不問可知	(불문가지)	묻지 아니하여도 알 수 있을 정도로 뻔한 사실
不問曲直	(불문곡직)	옳고 그름을 묻지 아니함.
百萬大軍	(백만대군)	아주 많은 병사로 조직된 군대를 이르는 말
思考方式	(사고방식)	어떤 문제에 대하여 생각하고 궁리하는 방법이나 태도
四方八方	(사방팔방)	여기저기 모든 방향이나 방면
事親以孝	(사친이효)	어버이를 섬기기를 효도로써 함.
山戰水戰	(산전수전)	세상의 온갖 고생과 어려움을 다 겪었음을 이르는 말
山川草木	(산천초목)	산과 내와 풀과 나무
不老長生	(불로장생)	늙지 않고 오래 삶
上下左右	(상하좌우)	위, 아래, 왼쪽, 오른쪽 방향
生老病死	(생로병사)	사람이 나고 늙고 병들고 죽는 네 가지 고통을 뜻함.
生死苦樂	(생사고락)	삶과 죽음, 괴로움과 즐거움을 통틀어 이르는 말
善男善女	(선남선녀)	착하고 어진 사람들
身土不二	(신토불이)	우리 나라 땅에서 나는 농산물이 우리 몸에 좋다는 뜻
十中八九	(십중팔구)	열가운데 여덟이나 아홉 정도로 거의 대부분을 의미함.
言行一致	(언행일치)	말과 행동이 서로 같음
樂山樂水	(요산요수)	자연을 즐기고 좋아함
勇氣百倍	(용기백배)	격려나 응원 따위에 힘을 얻어서 용기를 더 냄
雨順風調	(우순풍조)	비가 오고 바람이 부는것이 때와 분량이 알맞음
有口無言	(유구무언)	입은 있어도 말은 없다는 뜻으로, 변명을 못함을 이르는 말
耳目口鼻	(이목구비)	귀, 눈, 입, 코

以心傳心	(이심전심)	마음과 마음으로 서로 뜻이 통함.
人命在天	(인명재천)	사람의 목숨은 하늘에 달려 있다는 말
人山人海	(인산인해)	사람이 수없이 많이 모인 상태를 이르는 말
一口二言	(일구이언)	한 입으로 두 말을 한다는 뜻으로, 한 가지 일에 대하여 말을 이랬다저랬다 함을 뜻함.
一問一答	(일문일답)	한번 묻고 한번 대답함
一日三省	(일일삼성)	하루에 세가지 일로 자신을 살피고 반성함
一長一短	(일장일단)	일면의 장점과 다른 일면의 단점
一朝一夕	(일조일석)	하루 아침과 하루 저녁
自給自足	(자급자족)	필요한 물자를 스스로 생산하여 충당함
自問自答	(자문자답)	스스로 묻고 스스로 대답함
子孫萬代	(자손만대)	조상으로부터 오래도록 내려오는 대
自手成家	(자수성가)	부모가 물려주는 재산이 없이 자기 혼자의 힘으로 집안을 일으키고 재산을 모음
自由自在	(자유자재)	거침 없이 자기 마음대로 할 수 있음
作心三日	(작심삼일)	한번 먹은 마음이 사흘을 가지 못한다는 뜻으로 결심이 굳지 못함.
電光石火	(전광석화)	번갯불이나 부싯돌의 불이 번쩍거리는 것과 같이 매우 짧은 시간을 이르는 말
晝夜長川	(주야장천)	밤낮으로 쉬지 아니하고 연달아
知過必改	(지과필개)	자신의 잘못을 알면 반드시 고쳐야 함.
千萬多幸	(천만다행)	아주 다행함.
天下第一	(천하제일)	세상에 견줄 만한 것이 없이 최고임
青山流水	(청산유수)	푸른 산에 맑은 물이라는 뜻으로, 막힘없이 말을 잘한다는 뜻
青天白日	(청천백일)	하늘이 맑게 갠 대낮
清風明月	(청풍명월)	맑은 바람과 밝은 달
草綠同色	(초록동색)	이름은 다르나 따지고 보면 한가지라는 뜻
草食動物	(초식동물)	풀을 주로 먹고 사는 동물
春夏秋冬	(춘하추동)	봄, 여름, 가을, 겨울의 네 계절
特別活動	(특별활동)	학교 교육이나 학습 이외의 교육 활동
八方美人	(팔방미인)	어느 모로 보나 아름다운 사람
形形色色	(형형색색)	형상과 빛깔 따위가 서로 다른 여러가지

한자능력 검정시험
5급 Ⅱ 예상문제(1~13회)

지금까지 여러분은
기본학습과정을 거쳐
각 유형별 문제익히기를
성심껏 공부해 왔으므로
이제는 예상문제를 풀 차례입니다.
시험에서 틀리는 문제는
3회이상 써보고 암기한후에
다음회를 풀기 바랍니다.
정답은 109쪽에 있음.

㈜한국어문회 시행

[問 1-35] 다음 밑줄 친 漢字語의 讀音을 쓰세요.

1. 견학을 통해 <u>見聞</u>을 넓혀야 한다.
2. <u>形式</u>보다는 실제가 중요하다.
3. 호국선열들의 높은 <u>功勞</u>를 기렸다.
4. 나는 위인 <u>傳記</u>를 즐겨 읽는다.
5. 기업체에서는 <u>學歷</u>보다 능력을 중시한다.
6. 음악은 사람의 생각과 <u>感情</u>을 표현하는 예술이다.
7. 핵무장은 <u>人類</u>를 파멸로 몰고 간다.
8. 우승자가 <u>待望</u>의 우승컵을 들어 올렸다.
9. 결혼식장에 <u>洋服</u>입은 사람들이 많았다.
10. 돌고래의 <u>知能</u>은 매우 높다.
11. 마라톤은 힘을 잘 <u>調節</u>해서 달려야 한다.
12. 주제넘게 남의 일에 <u>參見</u>해서는 안된다.
13. 해방 <u>以前</u> 한 때는 일본이 우리나라를 강점하였다.
14. 어려울때 도운 <u>親舊</u>가 진정한 벗이다.
15. 휴가철이라 문을 닫는 <u>商店</u>들이 많다.
16. <u>明朗</u>한 성격을 지닌 사람은 대화가 잘 된다.
17. 전력의 소모가 많으므로 <u>節電</u>의 지혜가 필요하다.
18. 기대감이 크면 <u>失望</u>도 크다.
19. 자유는 개인이 <u>任意</u>대로 하는 것만이 아니다.
20. 성탄절에 <u>氣溫</u>이 영하로 내려갔다.
21. 개인의 <u>利害</u>를 떠나 모두가 단결해야 한다.
22. 비 때문에 행사가 <u>來週</u>로 연기되었다.
23. 금연은 <u>當然</u>한 일상 생활이다.
24. 국산차가 <u>性能</u>이 좋고 값도 싸다.
25. 세월호 사고 <u>當時</u>에 모든 국민이 큰 충격을 받았다.
26. 그 배는 <u>時速</u> 90km로 운항하였다.
27. 우리 반을 대표하여 회의에 <u>參席</u>하였다.
28. 수학여행을 가서 <u>團體</u> 사진을 찍었다.
29. 그 지도자는 <u>德性</u>을 지녔다.
30. 엄청난 <u>産苦</u>를 치르고서 안정이 찾아 왔다.
31. 산림욕은 건강회복의 <u>效用</u>이 크다.
32. 나는 신문의 <u>社說</u>을 자주 읽는다.
33. 부정한 공무원이 온갖 <u>財物</u>을 긁어 모았다.
34. 근무처에 <u>宿所</u>를 겸하고 있다.
35. 경비병이 <u>晝夜</u>로 감시하고 있다.

[問 36-58] 다음 漢字의 訓과 音을 쓰세요.

36. 種
37. 由
38. 球
39. 典
40. 參
41. 孫
42. 充
43. 兒
44. 術
45. 決
46. 例
47. 向
48. 堂
49. 着
50. 紙
51. 遠
52. 歌
53. 到
54. 望
55. 門
56. 鮮
57. 共
58. 元

[問 59-73] 다음 밑줄 친 단어를 漢字로 쓰세요.

59. 양지 바른 <u>명당</u>에 터를 잡았다.
60. 복지 <u>사회</u> 건설을 위해 노력했다.
61. 금년의 수확량은 <u>전년</u> 보다 많습니다.
62. 병이 나으니 얼굴에 <u>화색</u>이 돌았다.
63. 물고기를 <u>방생</u>하였다.
64. 세계 <u>지도</u> 속의 우리나라를 찾아보았다.
65. 건물 방화 대책에 <u>만전</u>을 기했다.
66. 남녀는 모두 <u>평등</u>하다.
67. 그는 부유한 <u>가정</u>에서 자랐다.
68. 광장에 <u>수천</u>명이 모였다.
69. 그 학생은 어릴때부터 <u>신동</u>으로 불렸다.
70. 점원은 상냥하게 <u>주문</u>을 받았다.
71. 시간에 맞게 약속 <u>장소</u>에 나갔다.
72. 아프리카 여러 나라가 물이 <u>부족</u>하다.
73. 달이 밝으니 <u>천지</u>가 훤하게 보입니다.

[問 74-78] 다음 訓(훈)과 音(음)에 알맞는 漢字를 쓰세요.

74. 모일 사 (   )   75. 종이 지 (   )
76. 재주 재 (   )   77. 클 위 (   )
78. 집 실 (   )

[問 79-81] 다음 (   )안에 각각 뜻이 반대 또는 상대되는 글자를 〈보기〉에서 찾아 단어가 되게 그 번호를 쓰세요.

보기	① 內 ② 東 ③ 學 ④ 別
	⑤ 動 ⑥ 使 ⑦ 室 ⑧ 年

79. 勞 ↔ (   )
80. 訓 ↔ (   )
81. (   ) ↔ 外

[問 82-84] 다음 漢字와 뜻이 같거나 비슷한 漢字를 〈보기〉에서 찾아 그 번호를 쓰세요.

보기	① 價 ② 度 ③ 決 ④ 道
	⑤ 體 ⑥ 急 ⑦ 效 ⑧ 必

82. 세계의 (   )速한 변화
83. 法(   )를 잘 지키는 시민
84. 건강한 身(   )에 건강한 정신

[問 85-87] 다음의 뜻을 가진 同音語(동음어)를 〈보기〉에서 찾아 그 번호를 쓰세요.

보기	① 童話 ② 大道 ③ 食口 ④ 前古
	⑤ 堂室 ⑥ 食水 ⑦ 前代 ⑧ 全部

85. 同化 - (   ) : 어린이에게 들려주기 위하여 지은 이야기
86. 前夫 - (   ) : 모두 다. 모조리.
87. 植樹 - (   ) : 먹을 것으로 쓰는 물

[問 88-89] 다음 (   )안에 알맞은 漢字를 〈보기〉에서 찾아 그 번호를 적어, 자주 쓰이는 단어를 만드세요.

보기	① 定 ② 農 ③ 宅
	④ 物 ⑤ 業 ⑥ 金

88. 경찰이 家(   ) 수색을 하였다.
89. (   )品 정리를 가지런히 하다.

[問 90-91] 다음 漢字語의 뜻을 간단히 풀이하세요.

90. 發光 :
91. 老弱 :

[問 92-94] 다음 (   ) 안에 알맞은 글자를 〈보기〉에서 찾아 넣어 사자성어(四字成語)를 완성하세요.

보기	① 敬天 ② 成市 ③ 美色 ④ 大門
	⑤ 人生 ⑥ 敬國 ⑦ 八字 ⑧ 美人

92. 問前(   )
93. 八方(   )
94. (   )愛人

[問 95-97] 다음 漢字의 略字(약자:획수를 줄인 漢字)를 쓰세요.

95. 萬 - (   )   96. 發 - (   )
94. 樂 - (   )

[問 98-100] 다음 漢字의 진하게 표시한 획은 몇 번째 쓰는 획인지 〈보기〉에서 찾아 그 번호를 쓰세요.

보기	① 첫 번째 ② 두 번째
	③ 세 번째 ④ 네 번째
	⑤ 다섯 번째 ⑥ 여섯 번째
	⑦ 일곱 번째 ⑧ 여덟 번째
	⑨ 아홉 번째 ⑩ 열 번째

98. 出   [   ]

99. 母   [   ]

100. 夜   [   ]

[問 1-35] 다음 밑줄 친 漢字語의 讀音을 쓰세요.

1. 그의 주장은 실제에 合當하다.
2. 이 방은 커서 열 사람도 同宿이 가능하다.
3. 그는 病苦에 시달리면서도 목표를 달성했다.
4. 사회의 중대한 문제를 각계의 元老들이 토론하였다.
5. 누구나 성인이 되면 부모로부터 獨立한다.
6. 산정상에 공군 基地가 있다.
7. 여러 색깔로 具色을 맞추었다.
8. 헤어지지 않기로 萬番이나 다짐했다.
9. 방과후에 課外 학습을 받는다.
10. 수년 간 쌓아 온 기술을 集約적으로 완성하였다.
11. 테러범들이 악독한 凶計를 꾸몄다.
12. 교통사고를 당해서도 무사하니 참 多幸이다.
13. 농지가 택지로 形質이 변경되었다.
14. 여행 비용의 合計가 정해졌다.
15. 선진국들은 앞다투어 新式 무기를 만들고 있다.
16. 백화점은 최신 商品의 진열장이다.
17. 바다를 메운 곳에 工團이 들어섰다.
18. 해산물의 공급을 위해 遠洋 어업이 발달하였다.
19. 나는 그 아저씨와 面識이 있는 사이이다.
20. 음주운전 團束이 강화되었다.
21. 의견을 받아들여 自由롭게 토론했다.
22. 돈을 變通하지 못해 부도가 났다.
23. 近來에 와서 안전사고가 많이 나고 있다.
24. 무슨 面目으로 조상을 대할 수 있겠는가?
25. 건설현장에서 무전기로 서로 傳言하였다.
26. 이웃 주민들과 서로 交流하며 친절하게 지낸다.
27. 형은 대학교를 首席으로 졸업하였다.
28. A조의 목적지에 先着하였다.
29. 부정부패의 實相을 보도하였다.
30. 군사의 수는 부족하지만 싸워서 勝算이 있다.
31. 그녀는 多福한 가정에서 태어났다.
32. 그는 德望과 실력을 모두 갖춘 지도자이다.
33. 그 범인은 必然적으로 잡히게 되어 있다.
34. 10년을 하루같이 着實하게 저축하였다.
35. 나는 이번주 내내 우리반 週番 활동을 하였다.

[問 36-58] 다음 漢字의 訓과 音을 쓰세요.

36. 銀   37. 州   38. 任
39. 英   40. 約   41. 幸
42. 當   43. 洗   44. 基
45. 筆   46. 死   47. 德
48. 偉   49. 到   50. 開
51. 速   52. 靑   53. 仙
54. 習   55. 課   56. 奉
57. 的   58. 決

[問 59-73] 다음 밑줄 친 단어를 漢字로 쓰세요.

59. 엄마가 아기에게 동화책을 읽어 줍니다.
60. 부실 건축 업주들이 구속되었다.
61. 전철에서 노약자에게 자리를 양보하였다.
62. 인구밀도 통계를 도표로 표시하였습니다.
63. 식물은 산소를 공급하는 귀한 존재다.
64. 나는 소설 작가가 꿈이다.
65. 조회 시간에 간혹 교가를 부릅니다.
66. 사람은 정직하게 살아야 합니다.
67. 그의 노래 솜씨는 소문대로 훌륭했다.
68. 명절에 일가가 모여 차례를 지낸다.
69. 사고를 당했어도 두려운 기색이 없었다.
70. 호박꽃 속에 반딧불이 발광하고 있었다.
71. 불의에 대항하는 용기가 필요하다.
72. 김구선생님은 생전에 통일을 염원하셨다.
73. 이 나무는 백년 동안 살아왔습니다.

[問 74-78] 다음 訓(훈)과 音(음)에 알맞는 漢字를 쓰세요.

74. 푸를 청 (　　) 　　75. 노래 가 (　　)
76. 높을 고 (　　) 　　77. 그럴 연 (　　)
78. 차례 제 (　　)

[問 79-81] 다음 (　)안에 각각 뜻이 반대 또는 상대되는 글자를 〈보기〉에서 찾아 단어가 되게 그 번호를 쓰세요.

보기	① 空 ② 身 ③ 弟 ④ 行
	⑤ 答 ⑥ 開 ⑦ 間 ⑧ 北

79. 言(　　)이 착실한 어린이
80. 회의가 問(　　)식으로 진행되었다.
81. 南(　　)의 평화통일 염원

[問 82-84] 다음 漢字와 뜻이 같거나 비슷한 漢字를 〈보기〉에서 찾아 그 번호를 쓰세요.

보기	① 遠 ② 良 ③ 産 ④ 江
	⑤ 流 ⑥ 化 ⑦ 節 ⑧ 洋

82. 역사는 永(　　)하다.
83. 海(　　) 구조대
84. 아침, 저녁 기후變(　　)가 심하다.

[問 85-87] 다음의 뜻을 가진 同音語를 〈보기〉에서 찾아 그 번호를 쓰세요.

보기	① 古典 ② 同數 ③ 高級 ④ 同心
	⑤ 古道 ⑥ 運動 ⑦ 功力 ⑧ 工人

85. 古級 - (　　) : 품질이 뛰어나고 값이 비쌈.
86. 動心 - (　　) : 마음을 같이 함.
87. 工力 - (　　) : 애써 들인 정성과 힘.

[問 88-89] 다음 (　)안에 알맞은 漢字를 〈보기〉에서 찾아 그 번호를 적어, 자주 쓰이는 단어를 만드세요.

보기	① 任 ② 成 ③ 偉
	④ 法 ⑤ 望 ⑥ 德

88. 맡은 바 責(　　)을 다하다.
89. 조국의 (　　)大한 지도자

[問 90-91] 다음 漢字語의 뜻을 간단히 풀이하세요.

90. 在學 :
91. 家訓 :

[問 92-94] 다음 (　) 안에 알맞은 글자를 〈보기〉에서 찾아 넣어 사자성어(四字成語)를 완성하세요.

보기	① 在家 ② 多福 ③ 長生 ④ 長歌
	⑤ 校庭 ⑥ 在天 ⑦ 相長 ⑧ 言語

92. 不老(　　)
93. 人命(　　)
94. 教學(　　)

[問 95-97] 다음 漢字의 略字(약자:획수를 줄인 漢字)를 쓰세요.

95. 來 - (　　) 　　96. 會 - (　　)
94. 戰 - (　　)

[問 98-100] 다음 漢字의 진하게 표시한 획은 몇 번째 쓰는 획인지 〈보기〉에서 찾아 그 번호를 쓰세요.

보기	① 첫 번째 ② 두 번째
	③ 세 번째 ④ 네 번째
	⑤ 다섯 번째 ⑥ 여섯 번째
	⑦ 일곱 번째 ⑧ 여덟 번째
	⑨ 아홉 번째

98. 車 　　　　[　　]

99. 級 　　　　[　　]

100. 雪 　　　　[　　]

(社)한국어문회 시행

[問 1-35] 다음 밑줄 친 漢字語의 讀音을 쓰세요.

1. 어려운 일을 단독으로 <u>決行</u>하였다.
2. 낯선 사람 앞에서 <u>客氣</u>를 부렸다.
3. 예절교육은 청소년의 고운 <u>品性</u>을 길러 준다.
4. 가수들이 <u>野外</u> 공연장에서 노래를 불렀다.
5. 훈련장에 <u>卒兵</u>들이 열지어 서 있었다.
6. 민주주의의 <u>理念</u>은 자유이다.
7. 가족사진을 <u>表具</u>하였다.
8. 돛단배가 <u>順風</u>을 타고 전진하였다.
9. 학부모님들이 수업을 <u>參觀</u>하였다.
10. <u>獨學</u>으로 사법고시에 합격하였다.
11. 학교를 짓기 위해 공사에 <u>着手</u>하였다.
12. 문화재는 <u>材質</u>이 좋은 재료로 짓는다.
13. 반칙으로 시험에서 <u>失格</u>되었다.
14. 군인들이 거수 <u>敬禮</u>를 주고 받았다.
15. 항상 사고 발생을 <u>念頭</u>에 두고 대비한다.
16. 우리팀의 <u>勝利</u>를 확신하였다.
17. 차가 너무 빠른 <u>速度</u>로 달렸다.
18. 그토록 건강한 사람이 암에 걸리다니 <u>實感</u>이 나지 않는다.
19. 나주지방의 대표적 <u>産物</u>은 배이다.
20. 가게마다 <u>商號</u>가 새겨져 있다.
21. 유언으로 재산을 장학 <u>財團</u>에 기부하였다.
22. <u>不具</u>의 몸에도 불구하고 체력단련에 힘썼다.
23. 4는 12의 <u>約數</u>이다.
24. 해방 이후로 나라의 <u>法典</u>이 만들어졌다.
25. 그 사람들은 <u>切親</u>한 사이가 되었다.
26. 형이 <u>軍服</u>을 입고 휴가를 왔다.
27. 날씨가 흐리고 <u>雨氣</u>가 가득하다.
28. 태양에너지로 <u>石油</u>를 대체할 수 있다.
29. 중국과 일본의 정치적 <u>形局</u>이 순탄하지 못하다.
30. 온 국민이 <u>結束</u>하여 부국을 이루자.
31. 맹인은 '점자'를 만져 글자를 <u>識別</u>한다.
32. 흡연은 건강에 <u>害惡</u>을 끼친다.
33. 백성들은 왕을 <u>敬愛</u>하였다.
34. 할아버지께서는 성격이 <u>溫和</u>하셨다.
35. 서해안에서 <u>戰運</u>이 감돌았다.

[問 36-58] 다음 漢字의 訓과 音을 쓰세요.

36. 約
37. 歷
38. 商
39. 必
40. 庭
41. 晝
42. 基
43. 參
44. 歲
45. 束
46. 油
47. 第
48. 兒
49. 變
50. 南
51. 登
52. 野
53. 班
54. 農
55. 章
56. 旅
57. 邑
58. 品

[問 59-73] 다음 밑줄 친 단어를 漢字로 쓰세요.

59. 농아들은 <u>수화</u>로 대화한다.
60. 동물의 <u>성장</u>을 관찰하였다.
61. 우리나라를 <u>동방</u> 예의지국이라 일컫습니다.
62. 우리 마을 회관에 <u>공용</u> 자전거가 있습니다.
63. 아버지와 아들을 <u>부자</u>라고 합니다.
64. 할머니를 <u>조모</u>라고 합니다.
65. 요즘 <u>외계</u> 비행물체가 자주 출현한다.
66. 나는 초등학생 <u>신분</u>으로 경기에 참여했다.
67. 세월호 참사에 <u>각계</u>의 온정이 쏟아졌다.
68. 조건은 안좋지만 <u>용기</u>를 내야한다.
69. 젊은이는 <u>노약자</u>를 도와야 한다.
70. 매일 <u>일기</u>를 씁니다.
71. 정원에 <u>화초</u>가 무성합니다.
72. 학급 회의때 <u>반장</u>이 사회를 맡았습니다.
73. 잘못이 있으면 스스로 <u>자성</u>해야 합니다.

[問 74–78] 다음 訓(훈)과 音(음)에 알맞는 漢字를 쓰세요.

74. 쉴   휴 (   )   75. 급할 급 (   )
76. 사라질 소(   )   77. 효도 효 (   )
78. 새   신 (   )

[問 79–81] 다음 (   )안에 각각 뜻이 반대 또는 상대되는 글자를 〈보기〉에서 찾아 단어가 되게 그 번호를 쓰세요.

보기	① 秋 ② 夏 ③ 心 ④ 活
	⑤ 服 ⑥ 郡 ⑦ 北 ⑧ 今

79. 死 ↔ (   )
80. (   ) ↔ 體
81. (   ) ↔ 冬

[問 82–84] 다음 漢字와 뜻이 같거나 비슷한 漢字를 〈보기〉에서 찾아 그 번호를 쓰세요.

보기	① 服 ② 德 ③ 等 ④ 性
	⑤ 識 ⑥ 福 ⑦ 格 ⑧ 生

82. 衣(   )이 날개다.
83. 학교는 知(   )의 산실
84. 남녀 同(   )한 권리

[問 85–87] 다음의 뜻을 가진 同音語를 〈보기〉에서 찾아 그 번호를 쓰세요.

보기	① 自省 ② 自己 ③ 社長 ④ 對話
	⑤ 代金 ⑥ 入金 ⑦ 事業 ⑧ 古事

85. 對金 – (   ) : 물건의 값으로 치르는 돈.
86. 社業 – (   ) : 목적과 계획을 가지고 하는 일.
87. 自性 – (   ) : 스스로 반성함.

[問 88–89] 다음 (   )안에 알맞은 漢字를 〈보기〉에서 찾아 그 번호를 적어, 자주 쓰이는 단어를 만드세요.

보기	① 能 ② 質 ③ 識
	④ 歲 ⑤ 說 ⑥ 産

88. 이해를 돕기 위해 (   )問을 하였다.
89. 가문의 財(   ) 목록

[問 90–91] 다음 漢字語의 뜻을 간단히 풀이하세요.

90. 明朗 :
91. 油價 :

[問 92–94] 다음 (   ) 안에 알맞은 글자를 〈보기〉에서 찾아 넣어 사자성어(四字成語)를 완성하세요.

보기	① 一日 ② 始術 ③ 山水 ④ 千年
	⑤ 同色 ⑥ 三日 ⑦ 讀書 ⑧ 新藥

92. (   )三秋
93. 草綠(   )
94. 作心(   )

[問 95–97] 다음 漢字의 略字(약자:획수를 줄인 漢字)를 쓰세요.

95. 氣 – (   )   96. 圖 – (   )
94. 數 – (   )

[問 98–100] 다음 漢字의 진하게 표시한 획은 몇 번째 쓰는 획인지 〈보기〉에서 찾아 그 번호를 쓰세요.

보기	① 첫 번째 ② 두 번째
	③ 세 번째 ④ 네 번째
	⑤ 다섯 번째 ⑥ 여섯 번째
	⑦ 일곱 번째 ⑧ 여덟 번째
	⑨ 아홉 번째

98. 光   [   ]

99. 民   [   ]

100. 來   [   ]

(社)한국어문회 시행

[問 1-35] 다음 밑줄 친 漢字語의 讀音을 쓰세요.

1. 재난에 能動的으로 대처해야 한다.
2. 현대사회를 황금 萬能시대라고 한다.
3. 누구나 자신의 행동에 責任질 줄 알아야 한다.
4. 공업團地 안에 유아원이 생겼다.
5. 회사원이 되기 위해 見習사원으로 뽑혔다.
6. 연애 小說을 영화로 만들었다.
7. 오랜 세월이 지나 권리가 失效되었다.
8. 투자 비용이 너무 많아 實利를 얻기 어려웠다.
9. 선생님은 정중한 語調로 시를 낭독하였다.
10. 사회문제는 客觀的으로 판단해야 한다.
11. 낙엽이 상승 氣流를 따라 날아 올랐다.
12. 수술하기 위해 局部 마취를 하였다.
13. 4강에서 승리한 팀이 決勝에 진출한다.
14. 인류의 元祖는 아프리카에서 나왔다.
15. 그 투수의 球速은 매우 빠르다.
16. 몸이 아파서 식사를 米飮으로 하였다.
17. 다이아몬드 등급은 區別하기 쉽지 않다.
18. 여행객이 많아 호텔 客室이 부족하다.
19. 우리나라팀은 今番 월드컵에서 8강에 오를 것이다.
20. 반장이 出席을 불렀다.
21. 한달에 한번씩 문학 作品을 읽습니다.
22. 두 남녀가 情分이 두텁다.
23. 매주 월요일에 朝會를 한다.
24. 교육부가 영재教育 사업에 힘을 쏟았다.
25. 계약서에 圖章을 찍었다.
26. 모든 종교는 신을 信奉한다.
27. 결혼식은 式順에 따라 진행되었다.
28. 한 여름에는 局地성 폭우가 잦다.
29. 藥局은 의사처방대로 약을 지은다.
30. 여행 안내자는 자세히 說明해 주었다.

31. 동물의 본능은 種族 보존에 있다.
32. 선거에서 過半수 이상으로 당선되었다.
33. 고통 없이 즐겁게 사는 곳이 樂園이다.
34. 約束한 말은 꼭 지켜야 한다.
35. 효도는 백가지 행동의 根本이다.

[問 36-58] 다음 漢字의 訓과 音을 쓰세요.

36. 要	37. 神	38. 書
39. 順	40. 友	41. 窓
42. 勝	43. 週	44. 害
45. 的	46. 奉	47. 銀
48. 價	49. 局	50. 舊
51. 課	52. 團	53. 苦
54. 週	55. 現	56. 電
57. 陸	58. 展	

[問 59-73] 다음 밑줄 친 단어를 漢字로 쓰세요.

59. 성실하면 성공할 수 있습니다.
60. 누구나 신용이 있으면 행복해 집니다.
61. 그는 어릴때부터 천재라고 불렸습니다.
62. 우리 동네 인심은 매우 좋습니다.
63. 새떼들이 상공으로 날아 올랐습니다.
64. 축구선수로 유명해졌습니다.
65. 창문을 열고 청소를 합니다.
66. 시골 강촌의 풍경이 아름답습니다.
67. 그와 그녀는 친족입니다.
68. 우리 학교 정문은 남쪽에 있습니다.
69. 섬에는 초등학교 분교가 있습니다.
70. 수업시간에는 정신을 집중해야 합니다.
71. 삼촌은 외국에서 공부하고 있습니다.
72. 군인들이 군가를 부르고 지나갔다.
73. 공사로 인해 주민들이 불편을 겪었다.

[問 74-78] 다음 訓(훈)과 音(음)에 알맞는 漢字를 쓰세요.

74. 집 당 (　　　)　　75. 모일 회 (　　　)
76. 곧을 직 (　　　)　　77. 골 동 (　　　)
78. 살 활 (　　　)

[問 79-81] 다음 (　)안에 각각 뜻이 반대 또는 상대되는 글자를 〈보기〉에서 찾아 단어가 되게 그 번호를 쓰세요.

보기	① 西 ② 門 ③ 外 ④ 入
	⑤ 北 ⑥ 記 ⑦ 後 ⑧ 第

79. 東(　　)洋의 문화교류
80. 先(　　)배 간의 교류
81. 공항에서 出(　　)國 수속을 밟다.

[問 82-84] 다음 漢字와 뜻이 같거나 비슷한 漢字를 〈보기〉에서 찾아 그 번호를 쓰세요.

보기	① 歷 ② 元 ③ 等 ④ 家
	⑤ 練 ⑥ 英 ⑦ 洗 ⑧ 化

82. 시합을 앞두고 (　　)習에 한창
83. 범인을 잡기 위해 (　　)宅 수색을 하였다.
84. 높은 (　　)級으로 합격

[問 85-87] 다음의 뜻을 가진 同音語를 〈보기〉에서 찾아 그 번호를 쓰세요.

보기	① 電子 ② 君王 ③ 世間 ④ 圖書
	⑤ 世子 ⑥ 圖形 ⑦ 電氣 ⑧ 圖畫

85. 洗者 - (　　) : 임금의 아들
86. 度兄 - (　　) : 그림의 모양이나 형태
87. 傳記 - (　　) : 전자의 움직임으로 생기는 에너지의 한 형태로 불을 켠다.

[問 88-89] 다음 (　)안에 알맞은 漢字를 〈보기〉에서 찾아 그 번호를 적어, 자주 쓰이는 단어를 만드세요.

보기	① 知　② 展　③ 典
	④ 充　⑤ 福　⑥ 見

88. 나라가 發(　　)을 거듭하였다.
89. 삶의 (　　)識을 쌓아간다.

[問 90-91] 다음 漢字語의 뜻을 간단히 풀이하세요.

90. 才德 :
91. 凶惡 :

[問 92-94] 다음 (　) 안에 알맞은 글자를 〈보기〉에서 찾아 넣어 사자성어(四字成語)를 완성하세요.

보기	① 苦生 ② 觀光 ③ 財物 ④ 山中
	⑤ 雪野 ⑥ 良藥 ⑦ 淸風 ⑧ 生心

92. 見物(　　　)
93. (　　　)明月
94. (　　　)苦口

[問 95-97] 다음 漢字의 略字(약자:획수를 줄인 漢字)를 쓰세요.

95. 讀 - (　　　)　　　96. 藥 - (　　　)
94. 對 - (　　　)

[問 98-100] 다음 漢字의 진하게 표시한 획은 몇 번째 쓰는 획인지 〈보기〉에서 찾아 그 번호를 쓰세요.

보기	① 첫 번째	② 두 번째
	③ 세 번째	④ 네 번째
	⑤ 다섯 번째	⑥ 여섯 번째
	⑦ 일곱 번째	⑧ 여덟 번째
	⑨ 아홉 번째	

98. 臣　　　　[　　]

99. 市　　　　[　　]

100. 式　　　　[　　]

㈜한국어문회 시행

[問 1-35] 다음 밑줄 친 漢字語의 讀音을 쓰세요.

1. 한약은 藥效가 서서히 나타난다.
2. 전철은 速度가 빠르다.
3. 화물이동은 陸路를 통해 옮겨졌다.
4. 나는 유도선수가 되기로 作定하였다.
5. 태어나서부터 特別한 사람은 없다.
6. 고향을 떠나 客地에서 살아왔다.
7. 집마다 番地가 있다.
8. 직접 보고 나서 事實을 인정하였다.
9. 재난 대비에 관한 전문 知識을 쌓았다.
10. 서해 맹골도 부근은 流速이 매우 빠르다.
11. 그 복싱 선수는 體級을 올려 출전하였다.
12. 그들 부부는 자주 다투다가 結局 이혼
    하였다.
13. 우리나라는 5천년 歷史를 가지고 있다.
14. 도시인들은 江村의 풍경을 좋아한다.
15. 직장에 새로 들어온 사람을 新參이라고
    한다.
16. 시장에 가서 生鮮을 사왔다.
17. 우리나라는 안전정비가 切實한
    시기이다.
18. 工具를 사용해 책상을 만들었다.
19. 시골 외가집은 넓은 庭園이 있다.
20. 국경 近方에서 총소리가 들렸다.
21. 그 약은 效力이 없어 버렸다.
22. 에어컨이 더운 날씨 탓에 品切이 되었다.
23. 이 한옥은 郡內에서 가장 오래된 집이다.
24. 요즘은 물가 變動이 심하다.
25. 계속적인 계몽운동을 展開하였다.
26. 산업 勇士들이 현장에 파견되었다.
27. 세계 평화의 염원은 永遠할 것이다.
28. 겪었던 일을 事實대로 말하시오.
29. 출·퇴근 시간은 交通이 복잡하다.
30. 나는 어렸을 때 형제간의 友愛를 기억한다.
31. 경기가 좋아서 사원들의 土氣가 높아졌다.
32. 썰물때는 海流가 빨라진다.
33. 찾아온 손님을 親切하게 맞이한다.
34. 정부는 국민의 福利 증진을 위해 힘써야
    한다.
35. 文章력이 좋으니까 말도 잘한다.

[問 36-58] 다음 漢字의 訓과 音을 쓰세요.

36. 野
37. 萬
38. 店
39. 京
40. 偉
41. 園
42. 獨
43. 凶
44. 說
45. 號
46. 筆
47. 歲
48. 效
49. 廣
50. 神
51. 間
52. 由
53. 習
54. 使
55. 以
56. 洗
57. 順
58. 束

[問 59-73] 다음 밑줄 친 단어를 漢字로 쓰세요.

59. 집은 설계도면대로 지어집니다.
60. 집집마다 소화기를 마련해야 합니다.
61. 한달 수입을 계산하였다.
62. 수학은 자꾸 풀어야 잘할 수 있습니다.
63. 많은 사람들이 집회에 참석하였다.
64. 야구 개막전에서 시구를 던졌다.
65. 방학이면 외가에 가서 할아버지를 뵈었다.
66. 마을 주민들이 도서관을 건립하였다.
67. 걷기로 신체를 단련합니다.
68. 부모님은 식후에 차를 드십니다.
69. 너무 힘이 들어 걸어갈 기력 조차 없다.
70. 할아버지께서 수술을 받고 입원하셨다.
71. 그는 기구를 타고 전국을 순회하였다.
72. 시민을 대표하는 국회의원을 선출하였다.
73. 식목일에 산과 들에 나무를 심습니다.

[問 74-78] 다음 訓(훈)과 音(음)에 알맞는 漢字를 쓰세요.

74. 온전 전 (　　) 　　75. 공경할 경 (　　)
76. 풀 초 (　　) 　　　　77. 매양 매 (　　)
78. 마실 음 (　　)

[問 79-81] 다음 (　)안에 각각 뜻이 반대 또는 상대되는 글자를 〈보기〉에서 찾아 단어가 되게 그 번호를 쓰세요.

보기	① 寸 ② 父 ③ 氣 ④ 民
	⑤ 兄 ⑥ 祖 ⑦ 海 ⑧ 女

79. 男 ↔ (　　)
80. 陸 ↔ (　　)
81. (　　) ↔ 弟

[問 82-84] 다음 漢字와 뜻이 같거나 비슷한 漢字를 〈보기〉에서 찾아 그 번호를 쓰세요.

보기	① 間 ② 童 ③ 要 ④ 首
	⑤ 東 ⑥ 禮 ⑦ 問 ⑧ 部

82. 유치원의 兒(　　)교육
83. 게와 가재는 같은 (　　)類에 속함
84. 의심나면 質(　　)을 한다.

[問 85-87] 다음의 뜻을 가진 同音語를 〈보기〉에서 찾아 그 번호를 쓰세요.

보기	① 花朝 ② 火藥 ③ 同時 ④ 世界
	⑤ 不足 ⑥ 部分 ⑦ 動作 ⑧ 全部

85. 部族 - (　　) : 넉넉하지 않음
86. 動時 - (　　) : 같은 때
87. 和約 - (　　) : 폭발작용을 일으키는 화합물

[問 88-89] 다음 (　)안에 알맞은 漢字를 〈보기〉에서 찾아 그 번호를 적어, 자주 쓰이는 단어를 만드세요.

보기	① 風 ② 由 ③ 獨
	④ 園 ⑤ 油 ⑥ 海

88. 대한 해협의 빠른 (　　)流를 지나다.
89. 세계 각국의 (　　)田 개발 경쟁

[問 90-91] 다음 漢字語의 뜻을 간단히 풀이하세요.

90. 所望 :
91. 昨今 :

[問 92-94] 다음 (　) 안에 알맞은 글자를 〈보기〉에서 찾아 넣어 사자성어(四字成語)를 완성하세요.

보기	① 同樂 ② 三間 ③ 卒業 ④ 自在
	⑤ 代筆 ⑥ 生命 ⑦ 知識 ⑧ 百間

92. 同苦(　　)
93. 草家(　　)
94. 自由(　　)

[問 95-97] 다음 漢字의 略字(약자:획수를 줄인 漢字)를 쓰세요.

95. 體 - (　　) 　　　96. 學 - (　　)
94. 圖 - (　　)

[問 98-100] 다음 漢字의 진하게 표시한 획은 몇 번째 쓰는 획인지 〈보기〉에서 찾아 그 번호를 쓰세요.

보기	① 첫 번째 ② 두 번째
	③ 세 번째 ④ 네 번째
	⑤ 다섯 번째 ⑥ 여섯 번째
	⑦ 일곱 번째 ⑧ 여덟 번째
	⑨ 아홉 번째

98. 陽　　　　[　　]

99. 別　　　　[　　]

100. 國　　　　[　　]

합격점수 : 70점
제한시간 : 50분

㈜한국어문회 시행

[問 1-35] 다음 밑줄 친 漢字語의 讀音을 쓰세요.

1. 휴가철이라 客車안은 매우 붐볐다.
2. 계절마다 입는 衣服이 다르다.
3. 가을 날씨는 變德이 심하다.
4. 지금은 産兒 제한이 해제되었다.
5. 그의 예언은 사실에 的中하였다.
6. 옛날부터 전해온 나쁜 舊習을 타파하였다.
7. 비가 많이 와서 댐의 물을 放流하였다.
8. 좋은 가정교육은 자녀들의 敎養을 높힌다.
9. 취학 兒童들이 해마다 줄고 있다.
10. 브라질에서 使臣을 보내왔다.
11. 국가 개혁안이 識者들의 관심을 모았다.
12. 봄은 新綠의 계절이다.
13. 국민의 要望에 따라 연금제도가 시행되었다.
14. 정치가가 사업가로 變身하였다.
15. 남쪽 조용한 곳에 宅地를 마련하였다.
16. 내용을 간단히 要約하세요.
17. 결혼은 서로의 조건이 充足되어야 한다.
18. 몸이 아파 토론회 不參을 통보했다.
19. 부지런한 사람이 重責을 맡는다.
20. 한국인은 부지런한 性向이 있다.
21. 친한 친구들을 知己라고 한다.
22. 결혼일에 親族들을 초대하였다.
23. 재벌 3세들이 창업주의 德業을 기렸다.
24. 時調는 옛 선조들이 즐기는 문학이었다.
25. 여행을 갈 때는 구급藥品도 준비해야 한다.
26. 주요직책을 歷任한 후 대통령이 되었다.
27. 바위도 風化 작용으로 형상이 바뀐다.
28. 비밀 자료를 公開하였다.
29. 그는 지나친 過勞로 쓰러졌다.
30. 삼촌은 下宿을 하면서 대학교에 다닌다.
31. 特急 열차를 타고 외갓집에 갔었다.
32. 도시는 商業지대, 어촌은 어업지대

33. 구명조끼를 着用하고 보트에 올랐다.
34. 인터넷에 惡性 루머가 넘쳤다.
35. 공중시설은 깨끗이 使用해야 한다.

[問 36-58] 다음 漢字의 訓과 音을 쓰세요.

36. 奉   37. 勝   38. 郡
39. 近   40. 決   41. 有
42. 部   43. 短   44. 夏
45. 筆   46. 各   47. 觀
48. 集   49. 飮   50. 英
51. 植   52. 雲   53. 庭
54. 關   55. 角   56. 失
57. 的   58. 勇

[問 59-73] 다음 밑줄 친 단어를 漢字로 쓰세요.

59. 평일 보다는 주말이 더 복잡합니다.
60. 선생님의 말씀을 집중해서 들어야 한다.
61. 나의 동생은 명년에 7살이 된다.
62. 나는 운동 하기를 좋아합니다.
63. 봄 가을을 춘추라고 합니다.
64. 국경일에 국기를 게양하였다.
65. 농부가 밭에서 일을 합니다.
66. 세계는 넓고 아름답습니다.
67. 새로운 기계를 발명하였다.
68. 에너지의 방출을 줄이려고 애썼다.
69. 어린 사내아이를 소년이라고 합니다.
70. 과식을 해서 소화가 잘 되지 않았다.
71. 동네 주민들이 공동으로 청소를 합니다.
72. 벽에는 전자 시계가 걸려 있었다.
73. 좋은 사회는 건실한 청년이 많아진다.

[問 74-78] 다음 訓(훈)과 音(음)에 알맞는 漢字를 쓰세요.

74. 나타날 현(   )   75. 들을 문 (   )
76. 고을 읍 (   )   77. 집 당 (   )
78. 업 업 (   )

[問 79-81] 다음 ( )안에 각각 뜻이 반대 또는 상대되는 글자를 〈보기〉에서 찾아 단어가 되게 그 번호를 쓰세요.

보기
① 弱 ② 宿 ③ 小 ④ 室
⑤ 害 ⑥ 下 ⑦ 典 ⑧ 洗

79. 탁구를 칠 때는 强(   ) 조절을 잘 해야 한다.
80. 군대에서는 上(   ) 관계가 엄중하다.
81. 주민들이 찬성과 반대로 나뉘어 利(   )를 따기 시작했다.

[問 82-84] 다음 漢字와 뜻이 같거나 비슷한 漢字를 〈보기〉에서 찾아 그 번호를 쓰세요.

보기
① 客 ② 路 ③ 着 ④ 級
⑤ 式 ⑥ 別 ⑦ 局 ⑧ 地

82. 선과 악은 區(   )된다.
83. 목적지에 무사히 到(   )했다.
84. 공항에 旅(   )들로 가득참.

[問 85-87] 다음의 뜻을 가진 同音語를 〈보기〉에서 찾아 그 번호를 쓰세요.

보기
① 電球 ② 同國 ③ 鮮明 ④ 約束
⑤ 節約 ⑥ 庭球 ⑦ 共有 ⑧ 新藥

85. 空有 - (   ) : 함께 소유함.
86. 信約 - (   ) : 새로운 약
87. 全口 - (   ) : 전류를 통하여 빛을 내는 기구

[問 88-89] 다음 ( )안에 알맞은 漢字를 〈보기〉에서 찾아 그 번호를 적어, 자주 쓰이는 단어를 만드세요.

보기
① 訓 ② 火 ③ 練
④ 度 ⑤ 觀 ⑥ 現

88. (   )光地에 인파가 북적거리다.
89. 지켜야 할 法(   )

[問 90-91] 다음 漢字語의 뜻을 간단히 풀이하세요.

90. 偉業 :
91. 特性 :

[問 92-94] 다음 ( ) 안에 알맞은 글자를 〈보기〉에서 찾아 넣어 사자성어(四字成語)를 완성하세요.

보기
① 八道 ② 感動 ③ 時別 ④ 特別
⑤ 合一 ⑥ 生老 ⑦ 病院 ⑧ 國家

92. (   )活動
93. 知行(   )
94. (   )病死

[問 95-97] 다음 漢字의 略字(약자:획수를 줄인 漢字)를 쓰세요.

95. 會 - (   )   96. 對 - (   )
94. 萬 - (   )

[問 98-100] 다음 漢字의 진하게 표시한 획은 몇 번째 쓰는 획인지 〈보기〉에서 찾아 그 번호를 쓰세요.

보기
① 첫 번째   ② 두 번째
③ 세 번째   ④ 네 번째
⑤ 다섯 번째   ⑥ 여섯 번째
⑦ 일곱 번째   ⑧ 여덟 번째
⑨ 아홉 번째

98.   [   ]

99.   [   ]

100.   [   ]

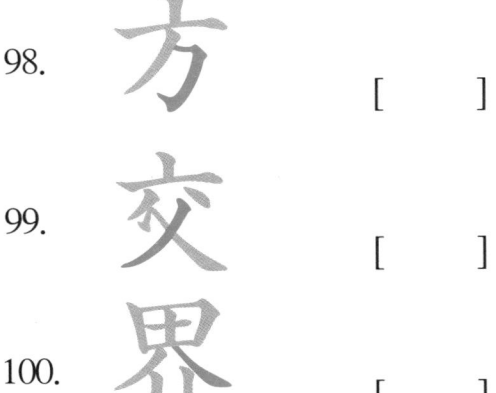

합격점수 : 70점
제한시간 : 50분

(社)한국어문회 시행

[問 1-35] 다음 밑줄 친 漢字語의 讀音을 쓰세요.

1. 공연가수가 <u>樂章</u>을 보면서 노래를 불렀다.
2. 좋은 농산물은 높은 <u>等級</u>을 받는다.
3. 배고프다고 <u>過食</u>하면 해롭다.
4. <u>太陽</u>의 반지름은 지구의 109배이다.
5. 붓글씨를 다쓰고 난 뒤에 <u>洗筆</u>을 하였다.
6. 하얀 백로떼가 숲에 <u>雲集</u>하였다.
7. <u>放課</u>후 수업에서 漢字를 배운다.
8. 목표대로 <u>信念</u>을 가지고 밀고 나갔다.
9. 국가경제 <u>發展</u>에 기여한 바가 크다.
10. 자기 책임을 다하는 것이 <u>愛國</u>하는 길이다.
11. 과학도서에는 많은 <u>記號</u>가 사용된다.
12. 회의는 <u>每週</u> 월요일에 열립니다.
13. 성실하고 절약하여 큰 <u>財産</u>을 모았다.
14. 대화할 때는 <u>相對</u>방의 말을 존중해야 한다.
15. 뒷산 콩밭뒤에 <u>林野</u>가 넓다.
16. 상사에게 혼나고 <u>卒者</u>들에게 화풀이 했다.
17. 예의가 밝은 사람은 <u>社交</u>에 능하다.
18. 나는 금주에 우리반 청소 <u>當番</u>이다.
19. 은행원이 고객의 예금을 <u>流用</u>했다.
20. 나이에 비해 <u>體格</u>이 좋다.
21. 내륙의 풍경을 <u>望遠</u>렌즈로 관찰하였다.
22. 어제 부는 태풍의 <u>風速</u>은 초속 40m이었다.
23. 부모님의 <u>意向</u>대로 나는 교수가 될 것이다.
24. 부하 직원의 잘못을 <u>責望</u>하였다.
25. 국내 바둑계의 고수끼리 <u>對局</u>하였다.
26. 이 전자제품은 <u>品質</u>이 뛰어난다.
27. 의사는 환자의 <u>病歷</u>에 대해 물었다.
28. 두 사람은 <u>親分</u>이 매우 두터웠다.
29. 아프리카에는 원주민 <u>部族</u>이 많다.
30. 대통령은 한 나라의 <u>元首</u>이다.
31. 사원들은 인원 감축을 <u>決死</u>적으로 반대하였다.

32. 감기에 걸려 얼굴이 <u>病弱</u>해 보였다.
33. 과수원에 여러가지 <u>果實</u> 나무가 많다.
34. 박물관은 <u>觀客</u>들로 붐볐다.
35. 발바닥에는 <u>角質</u>이 끼기 쉽다.

[問 36-58] 다음 漢字의 訓과 音을 쓰세요.

36. 兒
37. 紙
38. 等
39. 洋
40. 功
41. 形
42. 孫
43. 界
44. 醫
45. 班
46. 全
47. 奉
48. 登
49. 根
50. 養
51. 充
52. 團
53. 章
54. 宿
55. 舊
56. 理
57. 急
58. 始

[問 59-73] 다음 밑줄 친 단어를 漢字로 쓰세요.

59. 부지런한 사람이 <u>성공</u>합니다.
60. 산속 <u>공기</u>는 매우 맑습니다.
61. 기계가 <u>작동</u>하지 않아 일을 못했다.
62. 세계 평화 <u>문제</u>는 항상 거론된다.
63. 인터넷으로 책을 <u>주문</u>하였다.
64. 집안이 화목하면 <u>편안</u>합니다.
65. 교실 <u>내외</u>가 조용합니다.
66. <u>등교</u>길에 학교 친구들을 많이 만났다.
67. 나는 <u>휴일</u>마다 산책을 한다.
68. 학교를 향해 <u>출발</u>하였습니다.
69. 걷기는 매우 좋은 <u>운동</u>입니다.
70. 친구와 <u>서신</u>을 주고 받았다.
71. 지갑에는 <u>현금</u>도 있고 카드도 있습니다.
72. 서민축제때 <u>인기</u> 가수가 노래를 불렀습니다.
73. 국군은 나라의 <u>평화</u>를 위해 힘씁니다.

[問 74-78] 다음 訓(훈)과 音(음)에 알맞는 漢字를 쓰세요.

74. 짧을 단 (　　　)　　75. 마을 촌 (　　　)
76. 곧을 직 (　　　)　　77. 심을 식 (　　　)
78. 부을 주 (　　　)

[問 79-81] 다음 (　)안에 각각 뜻이 반대 또는 상대되는 글자를 〈보기〉에서 찾아 단어가 되게 그 번호를 쓰세요.

| 보기 | ① 今　② 凶　③ 效　④ 樂 |
| | ⑤ 的　⑥ 順　⑦ 卒　⑧ 合 |

79. 苦 ↔ (　　　)
80. 分 ↔ (　　　)
81. 昨 ↔ (　　　)

[問 82-84] 다음 漢字와 뜻이 같거나 비슷한 漢字를 〈보기〉에서 찾아 그 번호를 쓰세요.

| 보기 | ① 園　② 路　③ 明　④ 理 |
| | ⑤ 話　⑥ 廣　⑦ 客　⑧ 實 |

82. 고전 이야기가 담긴 說(　　　)책을 읽음.
83. 道(　　　)에 알맞은 사회생활
84. 농장에 果(　　　)나무가 빽빽하다.

[問 85-87] 다음의 뜻을 가진 同音語를 〈보기〉에서 찾아 그 번호를 쓰세요.

| 보기 | ① 電球　② 大花　③ 成功　④ 戰功 |
| | ⑤ 對話　⑥ 野球　⑦ 始球　⑧ 前過 |

85. 市區 - (　　　) : 대회의 시작을 알리기 위하여 처음으로 공을 던지는 일.
86. 大化 - (　　　) : 마주 대하여 이야기함.
87. 前空 - (　　　) : 전투에서 세운 공로

[問 88-89] 다음 (　)안에 알맞은 漢字를 〈보기〉에서 찾아 그 번호를 적어, 자주 쓰이는 단어를 만드세요.

| 보기 | ① 園　② 活　③ 醫 |
| | ④ 遠　⑤ 體　⑥ 苦 |

88. 기술 개발은회사의 死(　　　) 문제
89. 庭(　　　)에 꽃이 가득

[問 90-91] 다음 漢字語의 뜻을 간단히 풀이하세요.

90. 舊習 :
91. 書信 :

[問 92-94] 다음 (　) 안에 알맞은 글자를 〈보기〉에서 찾아 넣어 사자성어(四字成語)를 완성하세요.

| 보기 | ① 知十　② 五十　③ 傳心　④ 歲月 |
| | ⑤ 百中　⑥ 行動　⑦ 偉大　⑧ 戰場 |

92. 聞一(　　　)
93. 百發(　　　)
94. 以心(　　　)

[問 95-97] 다음 漢字의 略字(약자:획수를 줄인 漢字)를 쓰세요.

95. 國 - (　　　)　　　96. 戰 - (　　　)
94. 世 - (　　　)

[問 98-100] 다음 漢字의 진하게 표시한 획은 몇 번째 쓰는 획인지 〈보기〉에서 찾아 그 번호를 쓰세요.

보기	① 첫 번째　② 두 번째
	③ 세 번째　④ 네 번째
	⑤ 다섯 번째　⑥ 여섯 번째
	⑦ 일곱 번째　⑧ 여덟 번째
	⑨ 아홉 번째　⑩ 열 번째

98. 不　　　[　　]

99. 別　　　[　　]

100. 邑　　　[　　]

㈜한국어문회 시행

[問 1-35] 다음 밑줄 친 漢字語의 讀音을 쓰세요.

1. 중국말을 못해 筆答으로 하였다.
2. 시위 군중이 廣場에 모였다.
3. 온갖 部類의 물고기들이 진열되었다.
4. 버려진 폐차가 凶物스럽게 보였다.
5. 친한 사이 일지라도 過信해선 안된다.
6. 남의 사생활에 參見하지 마세요.
7. 식물은 따스한 陽地에서 잘 자란다.
8. 차표를 사기 위해 順番을 기다리고 있다.
9. 우리집 개는 性質이 온화하다.
10. 타협할 때는 感情을 앞세우지 않는다.
11. 우수 학생을 위해 장학 基金을 마련하였다.
12. 선택을 強要하지 않고 각자에게 맡겼다.
13. 민간 野史에도 전쟁 영웅담이 전해온다.
14. 그 예술가는 美的 기능이 뛰어났다.
15. 의사가 환부를 切開하여 수술하였다.
16. 品行이 단정하면 마음씨도 착하다
17. TV에 상품 廣告를 냈다.
18. 기차가 線路를 따라 역으로 들어왔다.
19. 부모님 德分에 행복하게 살고 있다.
20. 불우한 級友를 돕기로 하였다.
21. 여행가방에 洗面도구를 챙겼다.
22. 건강한 産母가 건강한 아이를 낳았다.
23. 일년 중에서 8월의 溫度가 가장 높다.
24. 산속에서는 무선 交信이 자주 끊긴다.
25. 감기약을 服用하였다.
26. 여러 가지 채소가 溫室에서 재배된다.
27. 음식을 많이 먹어서 消化가 잘 되지 않았다.
28. 소나기가 내린후 강물이 急速하게 흘렀다.
29. 부디 幸福하게 사세요.
30. 비행기가 무사히 安着하였다.
31. 영국과 미국은 共通점이 많다.
32. 회사에 나가지 않고 在宅 근무를 한다.
33. 운전면허시험에 合格하였다.
34. 학생들이 운동장에 集結하였다.
35. 우리는 廣野에서 텐트를 치고 잤다.

[問 36-58] 다음 漢字의 訓과 音을 쓰세요.

36. 卒
37. 害
38. 客
39. 綠
40. 半
41. 病
42. 能
43. 廣
44. 交
45. 關
46. 勞
47. 基
48. 練
49. 醫
50. 念
51. 當
52. 鮮
53. 休
54. 孫
55. 利
56. 史
57. 任
58. 聞

[問 59-73] 다음 밑줄 친 단어를 漢字로 쓰세요.

59. 이 동물원은 휴일에만 개방한다.
60. 즐거운 여름 방학을 보냅시다.
61. 주민체육대회를 합니다.
62. 교실 청소를 하였습니다.
63. 주말이면 우리집 식구는 한자리에 모인다.
64. 실내에서 조용히 합시다.
65. 나를 낳아주신 어머니가 생모입니다.
66. 농장의 농토가 넓습니다.
67. 따스한 봄날에 새들이 노래로 화답했습니다.
68. 문제집에는 정답이 없습니다.
69. 낮에 간식으로 도마도를 먹었다.
70. 시장에는 사람들이 많이 모입니다.
71. 부모님 면전에서 말대답하면 안된다.
72. 수업을 마치는 종소리가 교정에 울려 퍼졌다.
73. 비가 많이 오지 않아 안심이 되었다.

[問 74-78] 다음 訓(훈)과 音(음)에 알맞는 漢字를 쓰세요.

74. 어제 작 (　　　)　　75. 다행 행 (　　　)
76. 눈 설 (　　　)　　77. 번개 전 (　　　)
78. 무리 등 (　　　)

[問 79-81] 다음 (　)안에 각각 뜻이 반대 또는 상대되는 글자를 〈보기〉에서 찾아 단어가 되게 그 번호를 쓰세요.

보기	① 今 ② 說 ③ 學 ④ 傳
	⑤ 地 ⑥ 情 ⑦ 主 ⑧ 校

79. 가르치고 배우는 教(　　　)의 정신
80. 천둥소리가 天(　　　)에 요란하였다.
81. 우리나라는 동서古(　　　)을 통해서 인정된 예절국가이다.

[問 82-84] 다음 漢字와 뜻이 같거나 비슷한 漢字를 〈보기〉에서 찾아 그 번호를 쓰세요.

보기	① 任 ② 告 ③ 通 ④ 當
	⑤ 靑 ⑥ 上 ⑦ 代 ⑧ 郞

82. 젊은 世(　　　)와의 대화
83. 자기 잘못을 (　　　)白하다.
84. 맡은바 責(　　　)을 다하다.

[問 85-87] 다음의 뜻을 가진 同音語를 〈보기〉에서 찾아 그 번호를 쓰세요.

보기	① 夏氣 ② 今夕 ③ 長音 ④ 今日
	⑤ 神出 ⑥ 發音 ⑦ 決心 ⑧ 下旗

85. 夏氣 - (　　　) : 기를 내림
86. 金石 - (　　　) : 오늘 저녁
87. 長飮 - (　　　) : 긴소리

[問 88-89] 다음 (　)안에 알맞은 漢字를 〈보기〉에서 찾아 그 번호를 적어, 자주 쓰이는 단어를 만드세요.

보기	① 度 ② 行 ③ 戰
	④ 席 ⑤ 念 ⑥ 局

88. 빠른 速(　　　)의 높은 쾌감
89. 몸이 아파서 病(　　　)에서 지내다.

[問 90-91] 다음 漢字語의 뜻을 간단히 풀이하세요.

90. 結局 :
91. 品切 :

[問 92-94] 다음 (　) 안에 알맞은 글자를 〈보기〉에서 찾아 넣어 사자성어(四字成語)를 완성하세요.

보기	① 身土 ② 東風 ③ 北風 ④ 告發
	⑤ 商人 ⑥ 價格 ⑦ 成家 ⑧ 到着

92. 自手(　　　)
93. 馬耳(　　　)
94. (　　　)不二

[問 95-97] 다음 漢字의 略字(약자:획수를 줄인 漢字)를 쓰세요.

95. 讀 - (　　　)　　　96. 來 - (　　　)
94. 體 - (　　　)

[問 98-100] 다음 漢字의 진하게 표시한 획은 몇 번째 쓰는 획인지 〈보기〉에서 찾아 그 번호를 쓰세요.

보기	① 첫 번째 ② 두 번째
	③ 세 번째 ④ 네 번째
	⑤ 다섯 번째 ⑥ 여섯 번째
	⑦ 일곱 번째 ⑧ 여덟 번째
	⑨ 아홉 번째

98. 風　　　[　　　]

99. 半　　　[　　　]

100. 弟　　　[　　　]

㈜한국어문회 시행

[問 1-35] 다음 밑줄 친 漢字語의 讀音을 쓰세요.

1. 쟁기는 在來식 농기구이다.
2. 장군의 功德을 높이 칭송하였다.
3. 대학교를 卒業하고 회사원이 되었다.
4. 선거가 順調롭게 진행되었다.
5. 욕설을 하는 것은 養識있는 행동이 아니다.
6. 전 科目 시험에서 평균 90점을 받았다.
7. 부모님께서 자식들을 養育하신다.
8. 원인이 좋으면 結果도 좋다.
9. 도서관에서 대여할 圖書 목록을 적었다.
10. 사치할 必要가 없어졌다.
11. 강가에 雲海가 뻗쳐있다.
12. 고려청자에서 높은 格調감이 느껴졌다.
13. 그는 주인을 잘 섬기는 信服이다.
14. 말 보다는 구체적인 計劃이 필요하다.
15. 남을 위한 희생정신에 感動을 받았다.
16. 에너지 절약을 위해 節電해야 한다.
17. 강변에서 천막을 치고 宿食을 하였다.
18. 물을 節約하는 것이 기름을 아끼는 것이다.
19. 폐수가 하천으로 流入되는 것을 막았다.
20. 설날 아침 韓服을 입었다.
21. 무지개가 서쪽 하늘에 鮮明하게 피었다.
22. 제주도 近海에서 고래 떼가 발견되었다.
23. 야영객들이 急流에 휩쓸렸다.
24. 여행지에서 實地 겪은 이야기를 들었다.
25. 할머니의 年歲가 아흔살이 되었다.
26. 장마가 끝나고 무더위가 氣勝을 부렸다.
27. 실제 온도보다 體感온도가 더 추웠다.
28. 사람의 근본행동은 孝行에서 나온다.
29. 그는 뛰어난 話法으로 설득하려 했다.
30. 화재를 당해 當場 잠잘집도 없었다.
31. 장미꽃은 많은 種類가 있다.
32. 주민을 위해 努苦를 아끼지 않았다.
33. 할머니의 果樹원에서 사과를 땄다.
34. 낯선 사이지만 마음은 相通하였다.
35. 洋銀 냄비에 라면을 끓여 먹었다.

[問 36-58] 다음 漢字의 訓과 音을 쓰세요.

36. 練
37. 昨
38. 黃
39. 卒
40. 每
41. 直
42. 宿
43. 級
44. 兒
45. 植
46. 邑
47. 表
48. 化
49. 省
50. 洗
51. 雨
52. 育
53. 淸
54. 廣
55. 展
56. 州
57. 臣
58. 消

[問 59-73] 다음 밑줄 친 단어를 漢字로 쓰세요.

59. 부모님 말씀에 순종하면 가정이 평안하다.
60. 신학기 첫수업에 첫 대면을 했다.
61. 오전 12시는 점심시간입니다.
62. 북부 지방은 춥습니다.
63. 지금은 과학 실습 시간입니다.
64. 누나는 효심이 깊습니다.
65. 수업은 오전 9시부터 시작합니다.
66. 출입문이 자동으로 열린다.
67. 9시에 버스가 출발합니다.
68. 세계 평화를 위해 힘쓰다.
69. 농악대가 농악을 즐기고 있습니다.
70. 행운의 여신이 손짓을 하였습니다.
71. 우리 학교에서 정구 대회가 열렸습니다.
72. 삼촌이 회사의 연구 실장이 되었습니다.
73. 투표결과는 의외였습니다.

[問 74-78] 다음 訓(훈)과 音(음)에 알맞는 漢字를 쓰세요.

74. 모양 형 (　　　)　　75. 뿔 각 (　　　)
76. 모을 집 (　　　)　　77. 살필 성 (　　　)
78. 차례 제 (　　　)

[問 79-81] 다음 (　)안에 각각 뜻이 반대 또는 상대되는 글자를 〈보기〉에서 찾아 단어가 되게 그 번호를 쓰세요.

> 보기　① 夕　② 偉　③ 主　④ 類
> 　　　⑤ 外　⑥ 少　⑦ 古　⑧ 告

79. 多 ↔ (　　　)
80. 內 ↔ (　　　)
81. (　　　) ↔ 客

[問 82-84] 다음 漢字와 뜻이 같거나 비슷한 漢字를 〈보기〉에서 찾아 그 번호를 쓰세요.

> 보기　① 卒　② 油　③ 決　④ 水
> 　　　⑤ 基　⑥ 樹　⑦ 山　⑧ 道

82. 兵 = (　　　)
83. (　　　) = 路
84. (　　　) = 林

[問 85-87] 다음의 뜻을 가진 同音語를 〈보기〉에서 찾아 그 번호를 쓰세요.

> 보기　① 古地　② 調節　③ 重要　④ 畫間
> 　　　⑤ 重大　⑥ 告知　⑦ 歲月　⑧ 古書

85. 高地 - (　　　) : 게시나 글을 통하여 알림.
86. 重對 - (　　　) : 매우 중요하고 큼.
87. 州間 - (　　　) : 낮

[問 88-89] 다음 (　)안에 알맞은 漢字를 〈보기〉에서 찾아 그 번호를 적어, 자주 쓰이는 단어를 만드세요.

> 보기　① 樂　② 良　③ 國
> 　　　④ 通　⑤ 變　⑥ 陽

88. 苦(　　) 을 함께하는 가족
89. 太(　　) 에너지 시대

[問 90-91] 다음 漢字語의 뜻을 간단히 풀이하세요.

90. 見習 :
91. 萬能 :

[問 92-94] 다음 (　) 안에 알맞은 글자를 〈보기〉에서 찾아 넣어 사자성어(四字成語)를 완성하세요.

> 보기　① 法典　② 練習　③ 過速　④ 歷史
> 　　　⑤ 根本　⑥ 正大　⑦ 事業　⑧ 石火

92. 公明(　　　)
93. 電光(　　　)
94. 觀光(　　　)

[問 95-97] 다음 漢字의 略字(약자:획수를 줄인 漢字)를 쓰세요.

95. 發 - (　　　)　　　96. 會 - (　　　)
94. 對 - (　　　)

[問 98-100] 다음 漢字의 진하게 표시한 획은 몇 번째 쓰는 획인지 〈보기〉에서 찾아 그 번호를 쓰세요.

> 보기　① 첫 번째　　② 두 번째
> 　　　③ 세 번째　　④ 네 번째
> 　　　⑤ 다섯 번째　⑥ 여섯 번째
> 　　　⑦ 일곱 번째　⑧ 여덟 번째
> 　　　⑨ 아홉 번째

98. [　　]

99. [　　]

100. [　　]

㈜한국어문회 시행

[問 1-35] 다음 밑줄 친 漢字語의 讀音을 쓰세요.

1. 비행기가 고장으로 비상 着陸하였다.
2. 친구의 나쁜 행동을 放任하지 말라.
3. 사채는 元金에 많은 이자를 붙여 받는다.
4. 등잔불은 石油를 사용해서 켠다.
5. 금연, 금주는 건강을 위한 金言이다.
6. 연합군은 戰勝을 축하하는 기념비를 세웠다.
7. 한국전쟁때 많은 찬전軍士들이 죽었다.
8. 절 내부의 法堂에서 공을 드렸다.
9. 旅路에서 겪은 피로가 함께 밀려왔다.
10. 사람을 폭행한 것을 보고 경찰에 告發하였다.
11. 폐품을 모아 分類하였다.
12. 구습에 너무 지나친 觀念을 버려야 한다.
13. 식료품은 流通 기한을 잘 확인해야 한다.
14. 화물을 過多하게 싫은 세월호는 침몰했다.
15. 시민 公園에 많은 꽃들이 피었다.
16. 제주도로 旅行을 떠났다.
17. 모르면 꼭 電話하세요.
18. 직장인들은 돌아가면서 宿直을 한다.
19. 경기를 앞두고 練習을 많이 했다.
20. 뺑소니 운전자가 典例에 없는 형벌을 받았다.
21. 돈의 이자를 不當하게 요구하였다.
22. 계약서는 필요한 要式을 갖추어야 한다.
23. 인천 공항은 세계로 통하는 關門이다.
24. 오랜 세월 傳來되어 온 풍속이 많다.
25. 동화책을 사기 위해 書店에 갔었다.
26. 이순신장군은 偉大한 지도자이었다.
27. 고려인삼을 特價 판매하였다.
28. 누나는 美術에 취미가 있다.
29. 글씨를 잘 쓰는 사람을 名筆이라고 한다.
30. 강변에 호화 住宅이 자리 잡았다.
31. 신부님의 높은 品格이 느껴진다.
32. 정의로운 사회의 基調를 마련해야 한다.
33. 바람이 바다쪽에서 內陸으로 불었습니다.
34. 유가가 상승하면 旅客 운임도 오른다.
35. 두 사람은 결별하고 獨自 노선을 걸었다.

[問 36-58] 다음 漢字의 訓과 音을 쓰세요.

36. 過	37. 朗	38. 獨
39. 孫	40. 商	41. 近
42. 永	43. 各	44. 德
45. 樹	46. 飮	47. 開
48. 客	49. 雲	50. 線
51. 窓	52. 團	53. 關
54. 産	55. 勇	56. 藥
57. 油	58. 偉	

[問 59-73] 다음 밑줄 친 단어를 漢字로 쓰세요.

59. 산에 초목이 무성합니다.
60. 정직한 생활로 살아갑니다.
61. 주택가에 소음이 너무 심했다.
62. 회의 중에 양측의 의견이 대립되었다.
63. 더운 날씨는 벼농사에 유리합니다.
64. 올림픽 식장에 기수가 첫등장을 하였습니다.
65. 성공은 누구나 바라는 목표물이다.
66. 방학때 서당에서 한자를 배웠습니다.
67. 넓은 언덕에 풍차가 많습니다.
68. 우리집 대문은 동남쪽으로 나 있습니다.
69. 삼촌은 새해에 금연을 작심하셨다.
70. 그 물건은 조상 대대로 내려온 것이다.
71. 도시 근교에는 원예농업이 활발하다.
72. 그런 일을 하려면 명분이 있어야 한다.
73 그분은 생전에 좋은 일을 많이 하셨다.

[問 74-78] 다음 訓(훈)과 音(음)에 알맞는 漢字를 쓰세요.

74. 기를 육 (　　) 　　75. 효도 효 (　　)
76. 귀신 신 (　　) 　　77. 나눌 반 (　　)
78. 온전 전 (　　)

[問 79-81] 다음 (　)안에 각각 뜻이 반대 또는 상대되는 글자를 〈보기〉에서 찾아 단어가 되게 그 번호를 쓰세요.

보기　　① 着　② 到　③ 通　④ 生
　　　　⑤ 族　⑥ 獨　⑦ 室　⑧ 夕

79. 朝 ↔ (　　)
80. 發 ↔ (　　)
81. 死 ↔ (　　)

[問 82-84] 다음 漢字와 뜻이 같거나 비슷한 漢字를 〈보기〉에서 찾아 그 번호를 쓰세요.

보기　　① 近　② 交　③ 席　④ 和
　　　　⑤ 夜　⑥ 團　⑦ 性　⑧ 感

82. 集 = (　　)
83. 心 = (　　)
84. 調 = (　　)

[問 85-87] 다음의 뜻을 가진 同音語를 〈보기〉에서 찾아 그 번호를 쓰세요.

보기　　① 弟子　② 明郎　③ 過飮　④ 白花
　　　　⑤ 友情　⑥ 白合　⑦ 凶物　⑧ 過用

85. 第字 - (　　) : 스승으로부터 가르침을 받은 사람.
86. 百話 - (　　) : 흰 꽃.
87. 果用 - (　　) : 정도에 지나치게 씀.

[問 88-89] 다음 (　)안에 알맞은 漢字를 〈보기〉에서 찾아 그 번호를 적어, 자주 쓰이는 단어를 만드세요.

보기　　① 永　② 調　③ 窓
　　　　④ 英　⑤ 禮　⑥ 到

88. (　　)節 바른 학생에게 칭송이 자자해요.
89. (　　)門에 햇살이 비추다.

[問 90-91] 다음 漢字語의 뜻을 간단히 풀이하세요.

90. 順風 :
91. 雲海 :

[問 92-94] 다음 (　)안에 알맞은 글자를 〈보기〉에서 찾아 넣어 사자성어(四字成語)를 완성하세요.

보기　　① 一秋　② 親舊　③ 一夕　④ 道路
　　　　⑤ 夕陽　⑥ 出發　⑦ 各色　⑧ 野生

92. 一朝(　　)
93. 各人(　　)
94. (　　)動物

[問 95-97] 다음 漢字의 略字(약자:획수를 줄인 漢字)를 쓰세요.

95. 世 - (　　) 　　96. 國 - (　　)
94. 發 - (　　)

[問 98-100] 다음 漢字의 진하게 표시한 획은 몇 번째 쓰는 획인지 〈보기〉에서 찾아 그 번호를 쓰세요.

보기　　① 첫 번째　　② 두 번째
　　　　③ 세 번째　　④ 네 번째
　　　　⑤ 다섯 번째　⑥ 여섯 번째
　　　　⑦ 일곱 번째　⑧ 여덟 번째
　　　　⑨ 아홉 번째

98. 衣　[　　]

99. 西　[　　]

100. 世　[　　]

(社)한국어문회 시행

[問 1-35] 다음 밑줄 친 漢字語의 讀音을 쓰세요.

1. 비행기 사고가 증권가에 惡材로 작용하였다.
2. 두뇌가 英特하고 마음씨도 착하다.
3. 친구를 배웅하고 作別의 악수를 하였다.
4. 전쟁터에서 많은 군사가 戰死하였다.
5. 비용을 제하고 實質 소득은 적었다.
6. 민주화의 偉業을 이루었다.
7. 그런 풀과 열매가 藥材로 쓰였다.
8. 많은 사람들 目前에서 폭행을 당했다.
9. 선열의 애국심에 敬意를 표했다.
10. 아름다운 땅을 樂園이라 일컫는다.
11. 기업은 기술개발의 産室이다.
12. 훈련장에 兵士들이 모두 모였다.
13. 대나무는 차거운 特性이 있다.
14. 운전자가 過失로 사람을 치었다.
15. 남의 意見을 존중해야 한다.
16. 좋은 일을 하면서 代價를 바라면 안된다.
17. 선생님은 매우 多情하시다.
18. 공장에서 勞動하는 근로자가 많았다.
19. 생일파티에서 洋式으로 햄버거를 먹었다.
20. 보이지 않는 死角지대에 숨어 있었다.
21. 온도는 高度에 따라 다르다.
22. 남의 단점은 惡用해서는 안된다.
23. 장화홍련은 古典 문학이다.
24. 요즘은 通信의 발달로 세계가 매우 좁아졌다.
25. 교회에서는 의식으로 洗禮를 베푼다.
26. 벼의 種子 개량에 성공하였다.
27. 날씨는 추웠어도 表情은 밝았다.
28. 할머니께서 近者에 와서 퍽 늙으셨다.
29. 방학동안의 日課표를 작성하였다.
30. 서울 以北 지역에 많은 눈이 내렸다.
31. 삼촌 결혼식은 舊式 전통혼례로 치렀다.
32. 충신은 變節하지 않고 절개를 지켰다.
33. 그 선배는 나의 직장 先任자이다.
34. 생명은 천하보다 더 重要하다.
35. 전쟁 중지를 외치는 口號를 외쳤다.

[問 36-58] 다음 漢字의 訓과 音을 쓰세요.

36. 電	37. 號	38. 等
39. 惡	40. 束	41. 登
42. 歲	43. 敬	44. 友
45. 充	46. 格	47. 庭
48. 現	49. 雪	50. 英
51. 速	52. 發	53. 友
54. 例	55. 洞	56. 弱
57. 說	58. 消	

[問 59-73] 다음 밑줄 친 단어를 漢字로 쓰세요.

59. 하는 일마다 운수가 좋아 사업이 잘 되었다.
60. 대도시의 대기 오염을 측정하였다.
61. 태양열을 이용하여 발전을 일으킨다.
62. 그 여배우는 화술이 매우 좋다.
63. 공용 건물을 깨끗이 사용해야 한다.
64. 불이 나자 즉시 소화기를 사용하였다.
65. 언덕 위에 풀들이 해풍에 물결치고 있다.
66. 무분별한 벌목으로 산림이 파괴되었다.
67. 자연은 참으로 친한 친구입니다.
68. 유명한 물건은 값도 비싸다.
69. 할아버지의 할아버지를 고조라고 한다.
70. 우편엽서에 주소를 씁니다.
71. 손과 발을 수족이라고 합니다.
72. 스승의 날에 제자들이 꽃다발을 바쳤다.
73. 적의 후방을 공격하였습니다.

[問 74-78] 다음 訓(훈)과 音(음)에 알맞는 漢字를 쓰세요.

74. 살 활 (　　) 　 75. 마당 장 (　　)
76. 모을 집 (　　) 　 77. 줄 선 (　　)
78. 번개 전 (　　)

[問 79-81] 다음 (　)안에 각각 뜻이 반대 또는 상대되는 글자를 〈보기〉에서 찾아 단어가 되게 그 번호를 쓰세요.

보기	① 歷 ② 基 ③ 短 ④ 功
	⑤ 當 ⑥ 新 ⑦ 永 ⑧ 課

79. (　　) ↔ 舊
80. (　　) ↔ 過
81. 長 ↔ (　　)

[問 82-84] 다음 漢字와 뜻이 같거나 비슷한 漢字를 〈보기〉에서 찾아 그 번호를 쓰세요.

보기	① 親 ② 郡 ③ 心 ④ 望
	⑤ 意 ⑥ 育 ⑦ 順 ⑧ 鮮

82. 養 = (　　)
83. 情 = (　　)
84. (　　) = 邑

[問 85-87] 다음의 뜻을 가진 同音語를 〈보기〉에서 찾아 그 번호를 쓰세요.

보기	① 運動 ② 大海 ③ 外部 ④ 海水
	⑤ 校庭 ⑥ 外食 ⑦ 大氣 ⑧ 發展

85. 交情 - (　　) : 학교의 운동장.
86. 大害 - (　　) : 넓고 큰 바다.
87. 外植 - (　　) : 밖에서 음식을 사먹음.

[問 88-89] 다음 (　)안에 알맞은 漢字를 〈보기〉에서 찾아 그 번호를 적어, 자주 쓰이는 단어를 만드세요.

보기	① 李 ② 飮 ③ 己
	④ 格 ⑤ 利 ⑥ 音

88. 過(　　)(는)은 병의 근원
89. 축구경기에서 勝(　　)하였다.

[問 90-91] 다음 漢字語의 뜻을 간단히 풀이하세요.

90. 首席 :
91. 先着 :

[問 92-94] 다음 (　) 안에 알맞은 글자를 〈보기〉에서 찾아 넣어 사자성어(四字成語)를 완성하세요.

보기	① 廣野 ② 直告 ③ 同福 ④ 現實
	⑤ 民族 ⑥ 反對 ⑦ 天國 ⑧ 祖國

92. 以實(　　)
93. 白衣(　　)
94. 決死(　　)

[問 95-97] 다음 漢字의 略字(약자:획수를 줄인 漢字)를 쓰세요.

95. 對 - (　　) 　 　 96. 藥 - (　　)
94. 戰 - (　　)

[問 98-100] 다음 漢字의 진하게 표시한 획은 몇 번째 쓰는 획인지 〈보기〉에서 찾아 그 번호를 쓰세요.

보기	① 첫 번째 ② 두 번째
	③ 세 번째 ④ 네 번째
	⑤ 다섯 번째 ⑥ 여섯 번째
	⑦ 일곱 번째 ⑧ 여덟 번째
	⑨ 아홉 번째

98. 服 [　　]

99. 旗 [　　]

100. 足 [　　]

합격점수 : 70점
제한시간 : 50분

(社)한국어문회 시행

[問 1-35] 다음 밑줄 친 漢字語의 讀音을 쓰세요.

1. 자기 잘못을 <u>自責</u>하였다.
2. 산림자원을 <u>開發</u>하였다.
3. 나라마다 <u>獨特</u>한 문화가 있다.
4. 태권도의 <u>基本</u> 자세를 익혔다.
5. 선수들은 <u>必死</u>의 각오로 싸웠다.
6. 교문이 항상 <u>開放</u>되어 있다.
7. 책을 통하여 많은 <u>敎訓</u>을 얻는다.
8. 모양이 <u>變形</u>되어 알아볼 수 없다.
9. 누가 먼저 노래를 부를지 <u>決定</u>하였다.
10. 그 약초는 당뇨병에 <u>效能</u>이 있다.
11. 채소의 <u>品種</u>을 개량 생산하였다.
12. 친구의 형은 <u>在學</u> 중에 입대하였다.
13. 옷차림이 <u>洗練</u>되어 보였다.
14. 조난자의 <u>現在</u> 위치를 파악하라.
15. 세월호 현상금은 <u>類例</u>가 없는 큰돈이었다.
16. 과일을 팔아 큰 <u>利文</u>을 남겼다.
17. 홀로 사는 노인에게 <u>溫情</u>을 보내왔다.
18. 청사 완공을 <u>記念</u>하여 나무를 심었다.
19. 공사를 <u>今週</u> 안에 마쳐야 합니다.
20. 재난구조의 대비책이 <u>切感</u>하였다.
21. 국가 부흥의 시대가 <u>到來</u>하였다.
22. 우리집 <u>家訓</u>은 '진실'이다.
23. 대중 앞에서 시를 <u>郎讀</u>하였다.
24. 정치인들이 민심의 <u>動向</u>을 살폈다.
25. 우리나라 단군<u>神話</u>를 읽었다.
26. <u>油價</u> 인상으로 자동차 운행이 줄었다.
27. 경찰이 <u>要所</u>에 배치되어 검문이 실시되었다.
28. 일을 억지로 하지말고 <u>順理</u>대로 해라.
29. 여러가지 약초를 <u>調合</u>하여 한약을 다렸다.
30. 그는 학식이 깊고 <u>識見</u>이 넓은 사람이다.
31. 근로자들은 노동조합을 <u>結成</u>하였다.
32. 모든 직원이 <u>合意</u>하여 결정 하였다.
33. 친구와 함께 <u>宿題</u>를 하였다.
34. 산업<u>局長</u>이 농촌시찰을 나왔다.
35. 집과 정원이 <u>調和</u>를 이룬다.

[問 36-58] 다음 漢字의 訓과 音을 쓰세요.

36. 廣
37. 練
38. 太
39. 種
40. 仕
41. 窓
42. 能
43. 凶
44. 獨
45. 直
46. 良
47. 銀
48. 植
49. 村
50. 能
51. 庭
52. 美
53. 歷
54. 綠
55. 油
56. 野
57. 勇
58. 短

[問 59-73] 다음 밑줄 친 단어를 漢字로 쓰세요.

59. <u>산림</u>을 잘 가꾸면 나라가 부강해진다.
60. 마라톤 경기는 <u>후반</u>에 판세가 자주 바뀐다.
61. 우리집 <u>가장</u>은 아버지이십니다.
62. 여행 일정을 <u>발표</u>하였습니다.
63. 아버지는 제조업<u>회사</u>에 다닙니다.
64. 공공시설은 소중히 <u>이용</u>해야 합니다.
65. 총알이 목표물에 <u>명중</u>하였다.
66. 나는 역사 <u>방면</u>의 공부를 하고 싶다.
67. <u>시간</u>을 잘 지킵니다.
68. <u>해군</u>은 바다를 지키는 군대입니다.
69. 이 문은 <u>자동</u>으로 움직입니다.
70. 아침에는 <u>창문</u>을 엽니다.
71. 사각형은 <u>직각</u>이 네개가 있다.
72. 설악산 <u>국립</u> 공원에 다녀왔습니다.
73. 영화감독이 <u>인물</u> 묘사를 잘 합니다.

[問 74-78] 다음 訓(훈)과 음(음)에 알맞는 漢字를 쓰세요.

74. 기를 육 (　　　)　　75. 겉 표 (　　　)
76. 대답 답 (　　　)　　77. 빌 공 (　　　)
78. 물건 물 (　　　)

[問 79-81] 다음 (　)안에 각각 뜻이 반대 또는 상대되는 글자를 〈보기〉에서 찾아 단어가 되게 그 번호를 쓰세요.

보기	① 少 ② 店 ③ 害 ④ 偉
	⑤ 多 ⑥ 戰 ⑦ 王 ⑧ 仙

79. 和 ↔ (　　　)
80. 臣 ↔ (　　　)
81. 老 ↔ (　　　)

[問 82-84] 다음 漢字와 뜻이 같거나 비슷한 漢字를 〈보기〉에서 찾아 그 번호를 쓰세요.

보기	① 郡 ② 充 ③ 等 ④ 材
	⑤ 首 ⑥ 年 ⑦ 川 ⑧ 商

82. (　　　) = 級
83. (　　　) = 歲
84. 州 = (　　　)

[問 85-87] 다음의 뜻을 가진 同音語를 〈보기〉에서 찾아 그 번호를 쓰세요.

보기	① 消化 ② 觀光 ③ 天幸 ④ 千里
	⑤ 變化 ⑥ 消火 ⑦ 始術 ⑧ 幸福

85. 千行 - (　　　) : 하늘이 준 큰 행운
86. 小話 - (　　　) : 불을 끔
87. 天理 - (　　　) : 천리길

[問 88-89] 다음 (　)안에 알맞은 漢字를 〈보기〉에서 찾아 그 번호를 적어, 자주 쓰이는 단어를 만드세요.

보기	① 球　② 具　③ 祖
	④ 族　⑤ 外　⑥ 朝

88. 아버지의 아버지는 나의 (　　　)父이시다.
89. 일요일 野(　　　)장에 갔었다.

[問 90-91] 다음 漢字語의 뜻을 간단히 풀이하세요.

90. 節電 :
91. 晝夜 :

[問 92-94] 다음 (　) 안에 알맞은 글자를 〈보기〉에서 찾아 넣어 사자성어(四字成語)를 완성하세요.

보기	① 百發 ② 作文 ③ 溫室 ④ 成說
	⑤ 野球 ⑥ 動物 ⑦ 草家 ⑧ 八九

92. 十中(　　　)
93. 語不(　　　)
94. 野生(　　　)

[問 95-97] 다음 漢字의 略字(약자:획수를 줄인 漢字)를 쓰세요.

95. 國 - (　　　)　　　96. 氣 - (　　　)
94. 體 - (　　　)

[問 98-100] 다음 漢字의 진하게 표시한 획은 몇 번째 쓰는 획인지 〈보기〉에서 찾아 그 번호를 쓰세요.

보기	① 첫 번째　　② 두 번째
	③ 세 번째　　④ 네 번째
	⑤ 다섯 번째　⑥ 여섯 번째
	⑦ 일곱 번째　⑧ 여덟 번째
	⑨ 아홉 번째

98. 内　　　　　[　　]

99. 地　　　　　[　　]

100. 正　　　　　[　　]

(社)한국어문회 시행

[問 1-35] 다음 밑줄 친 漢字語의 讀音을 쓰세요.

1. 중동지역은 <u>産油</u>지대가 많다.
2. 더운 날씨 때문에 음식이 <u>變質</u>되었다.
3. 공동생활은 <u>團結</u>이 기본이다.
4. 품질에 비해 <u>價格</u>이 비싸다.
5. 자연을 가꾸어 <u>後孫</u>에게 물려줍니다.
6. 자식은 부모님을 잘 <u>奉養</u>해야 한다.
7. 제주도는 <u>觀光</u> 도시이다.
8. 몸이 약해서 <u>休養</u>을 떠났다.
9. 남의 일에 <u>相關</u>하지 말라.
10. 유기농으로 농작물의 <u>病害</u>를 물리친다.
11. 그 민족은 침략을 좋아하는 <u>根性</u>이 있다.
12. 양팀 선수들은 <u>必勝</u>의 각오를 다졌다.
13. 차가 다니는 <u>道路</u>에서 놀면 안된다.
14. 해변가에서 <u>元始</u>시대의 유물이 발견되었다.
15. 의류는 <u>流行</u>이 자주 바뀐다.
16. 그 경찰관은 수사 반장으로 <u>任命</u>되었다.
17. 운명에 대해 <u>觀相</u>을 보는 사람들이 있다.
18. 등산하면서 <u>新鮮</u>한 공기를 들이켰다.
19. 성공은 뛰어난 <u>才能</u>만으로 되는 것은 아니다.
20. 그의 주장은 <u>法度</u>에 어긋나지 않았다.
21. 비가 많이 내려서 <u>雨衣</u>를 입었다.
22. 상품은 겉보다도 <u>質的</u> 가치가 중요하다.
23. 전쟁으로 많은 <u>兵卒</u>과 장수가 죽었다.
24. 시장 상인의 <u>商術</u>에 속았다.
25. 새시장이 당선 <u>所感</u>을 밝혔다.
26. 불우 이웃을 위해 <u>奉仕</u>하였다.
27. 노인들을 초청하여 <u>敬老</u>잔치를 열었다.
28. 조상들의 <u>風習</u>을 체험하였다.
29. 고등학교를 <u>卒業</u>하고 대학에 들어간다.
30. 어린시절 <u>友情</u>은 평생동안 간직된다.
31. 이재민을 돕는 <u>愛情</u>어린 손길

32. 그 지도자는 실력과 <u>才德</u>을 갖추었다.
33. 그 외교관은 영어에 <u>能通</u>하다.
34. 치료받기 위해 <u>遠路</u>에서 손님이 왔다.
35. 쓰다 버린 <u>生活</u> 용품을 버렸다.

[問 36-58] 다음 漢字의 訓과 音을 쓰세요.

36. 紙
37. 休
38. 到
39. 社
40. 待
41. 參
42. 勇
43. 班
44. 近
45. 鮮
46. 朝
47. 愛
48. 調
49. 責
50. 畫
51. 偉
52. 堂
53. 球
54. 邑
55. 通
56. 黃
57. 形
58. 課

[問 59-73] 다음 밑줄 친 단어를 漢字로 쓰세요.

59. 월급을 <u>매월</u> 15일에 받습니다.
60. <u>동서남북</u> - 사방팔방
61. <u>북문</u>으로 나가면 문방구가 있습니다.
62. 어른께서 위독하시다는 <u>급전</u>이 왔다.
63. 도시 곳곳에 작은 숲이 <u>형성</u>되었습니다.
64. 태풍으로 임시 <u>휴교</u> 조치를 취했다.
65. 우주 <u>공간</u>은 헤아릴 수 없이 넓습니다.
66. 그에 대한 나쁜 <u>풍문</u>이 나돌았다.
67. 바둑시합에서 <u>고수</u>를 만났다.
68. <u>출입문</u>을 닫습니다.
69. 외국 여행객이 <u>입국</u> 수속을 마쳤습니다.
70. 중국에는 많은 <u>소수</u> 민족이 살고 있다.
71. 두 학생은 <u>형제</u> 사이다.
72. <u>정직</u>은 성공의 열쇠이다.
73. 영수는 <u>신장</u>이 크다.

[問 74-78] 다음 訓(훈)과 音(음)에 알맞는 漢字를 쓰세요.

74. 과목 과 ( ) 75. 목숨 명 ( )
76. 날랠 용 ( ) 77. 농사 농 ( )
78. 약할 약 ( )

[問 79-81] 다음 ( )안에 각각 뜻이 반대 또는 상대되는 글자를 〈보기〉에서 찾아 단어가 되게 그 번호를 쓰세요.

| 보기 | ① 今 ② 店 ③ 惡 ④ 識 |
| | ⑤ 品 ⑥ 分 ⑦ 州 ⑧ 生 |

79. 古 ↔ ( )
80. ( ) ↔ 合
81. ( ) ↔ 死

[問 82-84] 다음 漢字와 뜻이 같거나 비슷한 漢字를 〈보기〉에서 찾아 그 번호를 쓰세요.

| 보기 | ① 奉 ② 首 ③ 京 ④ 典 |
| | ⑤ 木 ⑥ 訓 ⑦ 本 ⑧ 念 |

82. 法 = ( )
83. ( ) = 頭
84. 根 = ( )

[問 85-87] 다음의 뜻을 가진 同音語를 〈보기〉에서 찾아 그 번호를 쓰세요.

| 보기 | ① 動作 ② 前代 ③ 價格 ④ 旅路 |
| | ⑤ 開始 ⑥ 作動 ⑦ 傳道 ⑧ 奉仕 |

85. 昨童 - ( ) : 기계 따위가 움직임.
86. 開時 - ( ) : 행동이나 일을 시작함.
87. 全大 - ( ) : 지난 시대

[問 88-89] 다음 ( )안에 알맞은 漢字를 〈보기〉에서 찾아 그 번호를 적어, 자주 쓰이는 단어를 만드세요.

| 보기 | ① 高 ② 客 ③ 明 |
| | ④ 廣 ⑤ 勝 ⑥ 便 |

88. 淸( )한 가을 날씨
89. 장애자의 ( )利를 위한 시설

[問 90-91] 다음 漢字語의 뜻을 간단히 풀이하세요.

90. 同宿 :
91. 小兒 :

[問 92-94] 다음 ( ) 안에 알맞은 글자를 〈보기〉에서 찾아 넣어 사자성어(四字成語)를 완성하세요.

| 보기 | ① 花春 ② 孝子 ③ 兵士 ④ 戰說 |
| | ⑤ 月夕 ⑥ 子傳 ⑦ 父親 ⑧ 一生 |

92. 花朝( )
93. 九死( )
94. 父傳( )

[問 95-97] 다음 漢字의 略字(약자:획수를 줄인 漢字)를 쓰세요.

95. 世 - ( )   96. 發 - ( )
94. 萬 - ( )

[問 98-100] 다음 漢字의 진하게 표시한 획은 몇 번째 쓰는 획인지 〈보기〉에서 찾아 그 번호를 쓰세요.

보기	① 첫 번째 ② 두 번째
	③ 세 번째 ④ 네 번째
	⑤ 다섯 번째 ⑥ 여섯 번째
	⑦ 일곱 번째 ⑧ 여덟 번째
	⑨ 아홉 번째

98. 每 [ ]

99. 安 [ ]

100. 化 [ ]

한자능력 검정시험 5급 II
기출·예상문제(1~10회)

합격점수 : 70점
제한시간 : 50분

(社)한국어문회 시행　　　　　　　　　　　수험생들에 의해 모은 것입니다.

[問 1-35] 다음 밑줄 친 漢字語의 讀音을 쓰세요.

1. 열차가 다니는 <u>線路</u>로 다니면 위험합니다.
2. 요즘 우리 사회에 <u>奉仕</u>하는 사람이 점점 늘어 납니다.
3. 출산율이 낮아 <u>多産</u> 정책이 필요합니다.
4. 좋은 <u>意見</u>을 내 주서서 감사합니다.
5. 진심으로 <u>幸福</u>하기를 기원했습니다.
6. 연이은 실패 후에 드디어 <u>合格</u>하였습니다.
7. 요즘 <u>廣告</u>에 외국어가 너무 많습니다.
8. <u>卒業</u>한 지 오랜 만에 학교에 갔습니다.
9. 산속의 <u>雪夜</u>를 촬영한 사진입니다.
10. 다양한 <u>品目</u>이 진열되어 있습니다.
11. <u>溫情</u>의 손길이 이어지고 있습니다.
12. 학교에 대한 <u>愛着</u>이 강합니다.
13. <u>旅行</u>을 마치고 집으로 돌아왔습니다.
14. 우리 반에 재미있는 <u>親舊</u>가 있습니다.
15. 계곡에 비가 많이 오면 <u>急流</u>를 조심해야 합니다.
16. 시대적 <u>變化</u>에 대응해야 합니다.
17. 적극적인 노력이 <u>必要</u>합니다.
18. 한국어를 <u>世界</u>에 보급시켜야 합니다.
19. 이 분야는 <u>展望</u>이 밝습니다.
20. 자기의 <u>過失</u>을 솔직히 인정하였습니다.
21. 한자 경시대회를 <u>參觀</u>하였습니다.
22. 우리사회에 양심과 <u>知性</u>을 갖춘 사람이 필요 합니다.
23. 우리나라의 <u>歷史</u>를 아는 것은 매우 중요 합니다.
24. 신문 <u>社說</u>을 통해 한자를 배웠습니다.
25. <u>法的</u>으로 아무 문제가 없습니다.
26. 일정한 <u>速度</u>로 보조를 맞춰 걸었습니다.
27. 처음 맡아 보는 <u>獨特</u>한 냄새였습니다.
28. 다 쓴 건전지를 <u>充電</u>하였습니다.
29. 아무리 <u>強調</u>해도 지나치지 않았습니다.
30. 학교에서 <u>放課</u> 후에 특별활동을 합시다.

31. 이번 주 청소 <u>當番</u>입니다.
32. 그는 굳은 <u>信念</u>을 지닌 사람입니다.
33. 예전에 살던 집을 <u>古宅</u>이라 합니다.
34. 명분보다 <u>實利</u>를 추구할 때가 있습니다.
35. 어릴 때부터 <u>節約</u> 정신이 투철합니다.

[問 36-58] 다음 漢字의 訓과 音을 쓰세요.

보기　字　→　글자 자

36. 決　　　37. 陸　　　38. 效
39. 元　　　40. 敬　　　41. 消
42. 價　　　43. 良　　　44. 到
45. 德　　　46. 朗　　　47. 筆
48. 種　　　49. 偉　　　50. 束
51. 歲　　　52. 關　　　53. 雲
54. 害　　　55. 切　　　56. 局
57. 宿　　　58. 己

[問 59-73] 다음 밑줄 친 漢字語를 漢字로 쓰세요.

59. <u>음식</u>을 골고루 먹어야 건강합니다.
60. 이 책은 민요를 <u>집성</u>한 책입니다.
61. 용기를 내어 <u>금년</u>에 새로 시작하였습니다.
62. 이번 시험에 <u>등수</u>가 올랐습니다.
63. <u>계산</u>을 치르고 나니 약간의 돈이 남았습니다.
64. 요즘 일이 겹쳐서 <u>심신</u>이 피곤합니다.
65. 주말마다 <u>등산</u>을 합니다.
66. 시간이 날 때마다 <u>화초</u>를 가꿉니다.
67. 입구와 <u>출구</u>가 다릅니다.
68. 방금 강연이 <u>시작</u>되었습니다.
69. <u>정직</u>한 사람이 되어야 합니다.
70. 사람은 <u>인도</u>로 다녀야 합니다.
71. 노벨 <u>평화</u>상을 받았습니다.
72. <u>휴일</u>이라 도서관이 문을 닫았습니다.
73. 양질의 <u>도서</u>를 선택하는 것이 좋습니다.

[問 74-78] 다음 訓과 흡에 맞는 漢字를 쓰세요.

> 보기 나라 국 → 國

74. 뿔 각 [   ]   75. 모양 형 [   ]
76. 반 반 [   ]   77. 재주 재 [   ]
78. 실과 과 [   ]

[問 79-81] 다음 제시된 漢字와 뜻이 상대 또는 반대되는 漢字를 ( )안에 써 넣어 글을 완성 하세요.

79. (   )과 死의 갈림길
80. 朝(   )으로 두 끼만 먹다.
81. 質(   )에 대답하다.

[問 82-85] 다음 ( )에 들어갈 漢字를 〈보기〉에서 찾아 그 번호를 써서 漢字語를 만드세요.

> 보기 ① 川 ② 公 ③ 苦 ④ 別
>   ⑤ 千 ⑥ 美 ⑦ 淸 ⑧ 名

82. [   ]風明月   83. 八方[   ]人
84. 同[   ]同樂   85. 男女有[   ]

[問 86-88] 다음 漢字와 뜻이 같거나 비슷한 漢字 를 〈보기〉에서 찾아 그 번호를 쓰세요.

> 보기 ① 式   ② 靑   ③ 鮮
>   ④ 禮   ⑤ 習   ⑥ 園

86. 綠 = [   ]   87. 典 = [   ]
88. 練 = [   ]

[問 89-91] 다음 각 단어와 음은 같으나 뜻이 다른 단어를 주어진 뜻에 맞게 漢字를 쓰세요.

89. 大利 - (   ) : 남을 대신하여 일을 함
90. 全山 - (   ) : 전자계산기
91. 空洞 - (   ) : 둘 이상이 일을 같이 함

[問 92-94] 다음 漢字語의 뜻을 쓰세요.

92. 交友 :
93. 重責 :
94. 客席 :

[問 95-97] 다음 漢字의 略字(약자:획수를 줄인 漢字)를 쓰세요.

> 보기 體 → 体

95. 發 - (   )   96. 戰 - (   )
97. 會 - (   )

[問 98-100] 다음 漢字의 진하게 표시한 획은 몇 번 째 쓰는지 〈보기〉에서 찾아 그 번호를 쓰세요.

> 보기 ① 첫 번째   ② 두 번째
>   ③ 세 번째   ④ 네 번째
>   ⑤ 다섯 번째 ⑥ 여섯 번째
>   ⑦ 일곱 번째 ⑧ 여덟 번째
>   ⑨ 아홉 번째

98. [   ]

99. [   ]

100. [   ]

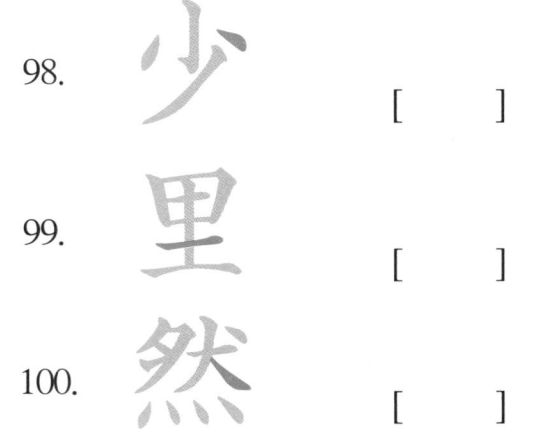

합격점수 : 70점
제한시간 : 50분

(社)한국어문회 시행　　　　　　　　　　　수험생들에 의해 모은 것입니다.

[問 1-35] 다음 밑줄 친 漢字語의 讀音을 쓰세요.

1. 그는 작품에서 인간성 회복을 基調로 삼았다.

2. 깊은 산 속에서 元始에 가까운 생활을 하였다.

3. 정부는 문제 해결을 위해 特使를 파견하였다.

4. 낡은 舊習에서 벗어나기를 강조하였다.

5. 처음부터 그 일에 相關하고 싶지 않았다.

6. 훈련병들은 모두 새 軍服으로 갈아 입었다.

7. 아이들은 교과서를 합창하듯 朗讀하였다.

8. 문화를 다섯 가지 분야로 分類하였다.

9. 개학 전날에야 방학 宿題를 겨우 마쳤다.

10. 동물은 種族을 보존하려는 본능이 있다.

11. 대표들은 모두 자신들의 利害만을 따졌다.

12. 인부들이 무허가 住宅을 철거하였다.

13. 후손들은 조상들의 德業을 기렸다.

14. 체육대회를 來週에 열기로 하였다.

15. 졸업식은 式順에 따라 진행되었다.

16. 그들의 행동은 凶惡하여 사람들의 손가락질
    을 받았다.

17. 그들은 평소 面識이 있던 사이였다.

18. 도화지를 노란색으로 着色하였다.

19. 적들의 局地 도발에 대비하였다.

20. 그는 적들과 內通하는 첩자였다.

21. 그는 獨學으로 자격증을 땄다.

22. 금강산 陸路 관광을 시작하였다.

23. 불법 주정차한 차량들이 團束에 걸렸다.

24. 친절한 안내로 旅行이 즐거웠다.

25. 부상이 그만해서 천만多幸이다.

26. 野外에서 인형놀이를 공연하였다.

27. 아이들이 색색의 雨衣를 입고 등교하였다.

28. 한방에서는 열매, 나무껍질 따위를 藥材로 쓴다.

29. 학교를 설립하기 以前에는 문맹자가 많았다.

30. 여성들은 實質적인 남녀평등을 요구하였다.

31. 진실을 추구하고 정의를 具現하고자 하였다

32. 개구리를 해부하기 위해 배를 切開하였다.

33. 지나간 歷史가 어둡다고 숨길 수는 없다.

34. 일반적으로 공급이 많고 수요가 적으면 價格
    이 내려간다.

35. 그의 풍부한 감수성에 每番 감탄하였다.

[問 36-58] 다음 漢字의 訓과 音을 쓰세요.

보기　字　→　글자 자

36. 勇	37. 法	38. 待
39. 席	40. 銀	41. 晝
42. 黃	43. 臣	44. 必
45. 油	46. 號	47. 筆
48. 春	49. 急	50. 車
51. 表	52. 校	53. 左
54. 變	55. 出	56. 醫
57. 石	58. 典	

[問 59-61] 다음 漢字와 뜻이 상대 또는 반대되는
漢字를 쓰세요.

59. 死 ↔ (　　　)　　　60. (　　　) ↔ 過

61. 苦 ↔ (　　　)

[問 62-65] 다음 [   ]에 들어갈 漢字를 〈보기〉에서 찾아 넣어 四字成語를 완성하세요.

보기
① 身 ② 神 ③ 朝 ④ 立
⑤ 淸 ⑥ 英 ⑦ 靑 ⑧ 工

62. 士農[   ]商   63. 安心[   ]命
64. [   ]土不二   65. [   ]山流水

[問 66-68] 다음 (   )에 각각 訓이 같은 글자를 〈보기〉에서 찾아 넣어 단어가 되게 하세요.

보기
① 愛   ② 意   ③ 術
④ 當   ⑤ 生   ⑥ 財

66. 情 = (   )   67. (   ) = 産
68. 才 = (   )

[問 69-71] 다음 각 단어와 음은 같으나 뜻이 다른 단어를 주어진 뜻에 맞게 漢字로 쓰세요.

69. 發展 - (   ) : 전기를 일으킴
70. 全道 - (   ) : 전체를 그린 그림이나 지도
71. 大界 - (   ) : 큰 계획

[問 72-74] 다음 漢字語의 뜻을 쓰세요.

72. 放任 :
73. 等速 :
74. 充足 :

[問 75-77] 다음 漢字의 略字(약자:획수를 줄인 漢字)를 쓰세요.

보기   體 → 体

75. 戰 - (   )   76. 會 - (   )
77. 體 - (   )

[問 78-97] 다음 글의 밑줄 친 낱말을 漢字로 쓰세요.

보기 한자 → [漢字]

78. 서로 만날 공산이 크다.   [   ]
79. 자본보다도 신용이 중요하다.   [   ]

80. 집회에 시민이 참가하였다.
81. 모처럼 모든 식구가 한자리에 모였다.
82. 해마다 교육 환경이 좋아지고 있다.
83. 따뜻한 봄이 오니 가지각색의 초목에 싹이 텄다.
84. 여행 중에 어느 시골의 가정에 초대받았다.
85. 체육대회에 대한 기사가 신문에 실렸다.
86. 여행 경비는 각자가 마련하기로 하였다.
87. 투표 결과에 사람들의 이목이 집중되었다.
88. 아군은 소수의 병력으로 적을 무찔렀다.
89. 그의 앞길에 광명이 비추기를 기도하였다.
90. 독립단을 결성하여 애국 운동을 펼쳤다.
91. 생명이 있는 것은 소중히 다루어야 한다.
92. 구불구불하던 도로를 직선으로 정비하였다.
93. 봄이면 대부분의 식물들이 꽃을 피운다.
94. 선생님께서 한국 소설 명작을 권해주셨다.
95. 밤마다 어머니께서 동화를 읽어 주신다.
96. 책의 공백에 중요한 내용을 기록하였다.
97. 한동안 그가 이사했다는 풍문이 돌았다.

[問 98-100] 다음 漢字의 진하게 표시한 획은 몇 번째 쓰는지 〈보기〉에서 찾아 그 번호를 쓰세요.

보기
① 첫 번째   ② 두 번째
③ 세 번째   ④ 네 번째
⑤ 다섯 번째 ⑥ 여섯 번째
⑦ 일곱 번째 ⑧ 여덟 번째
⑨ 아홉 번째

98. 氣   [   ]

99. 形   [   ]

100. 邑   [   ]

(社)한국어문회 시행

수험생들에 의해 모은 것입니다.

[問 1-35] 다음 밑줄 친 漢字語의 讀音을 쓰세요.

1. 만물도 부지런히 運行하고 쉬지 않도다.

2. 고구려는 活動 무대를 중원까지 넓혔다.

3. 수십만의 군중이 시청 앞에 雲集해 있었다.

4. 窓門 밖에는 생명의 봄 향기가 가득하다.

5. 財物을 우상으로 섬김이 불행의 근원이다.

6. 角度가 조금만 틀려도 과녁에서 벗어난다.

7. 전쟁의 승패는 정신戰力에서 결정된다.

8. 국민은 북한의 急變 사태를 대비해야 한다.

9. 知識을 올바르게 쓰는 지혜가 더 중요하다.

10. 歲月은 사람을 기다리지 않고 흘러간다.

11. 국력은 경제력보다 국민 教養에서 나온다.

12. 記者 정신은 진실과 사실의 규명이다.

13. 孝道는 모든 인간 행실의 기본이다.

14. 일시적 感情은 이성으로 다스려야 한다.

15. 關心 속에 남을 배려함이 교양의 근본이다.

16. 삶의 질은 얼마나 奉仕하느냐에 달렸다.

17. 所有는 집착을 낳지만 영원할 수 없다.

18. 自責만 하지 말고 자신감을 회복해야 한다.

19. 주관적 觀念만으로 사물을 보면 안 된다.

20. 靑春의 꿈은 꿈꾸고 실천하는 자의 것이다.

21. 體質에 따라 건강을 관리하는 것이 좋다.

22. 사람들을 和合케 하는 자가 복이 있다.

23. 선인들의 가르침을 歷史의 거울로 삼자.

24. 이웃의 축복 속에 多福한 가정을 꾸렸다.

25. 국군은 조국을 지키는 배달의 旗手이다.

26. 綠色 성장은 미래 한국 발전의 열쇠이다.

27. 우리의 금수강산은 天下 제일 강산이다.

28. 우수한 新藥 개발로 100세 시대가 열렸다.

29. 西海 5도를 잃으면 수도 방위가 불가능하다.

30. 경찰은 公共의 질서를 지키는 파수꾼이다.

31. 눈짓으로 하는 約束을 '눈約束'이라 한다.

32. 진실한 우정은 兄弟의 사랑을 능가한다.

33. '삼국유사'는 신화, 傳說, 민담의 창고이다.

34. 청년의 野望은 선의와 열정으로 이루어진다.

35. 물건은 價格이 싸다고 다 좋은 것은 아니다.

[問 36-58] 다음 漢字의 訓과 音을 쓰세요.

36. 堂   37. 頭   38. 紙
39. 重   40. 實   41. 洗
42. 園   43. 勞   44. 展
45. 永   46. 美   47. 秋
48. 愛   49. 宅   50. 畫
51. 黃   52. 寸   53. 村
54. 主   55. 川   56. 臣
57. 士   58. 見

[問 59-73] 다음 밑줄 친 漢字語를 漢字로 쓰세요.

59. 선생은 제자에게 삶의 본이 되어야 한다.

60. 동화를 많이 읽으면 지능도 좋아진다.

61. 해와 달을 하늘의 두 광명이라고도 한다.

62. 반성 행위는 인간에게만 주어진 선물이다.

63. 한국의 가전제품이 세계를 석권하고 있다.

64. 한국 청소년의 신장은 아시아 최고이다.

65. 장부의 한 말이 천금보다 무겁다.

66. 등산과 걷기가 건강의 최고 비결이다.

67. 말은 달라도 사랑의 표현은 통한다.

68. 부모의 자식 사랑을 내리사랑이라고 한다.

69. 도덕의식을 높여 <u>인명</u> 경시 풍조를 막자.
70. <u>학문</u>의 비결은 성실히 준비된 질문이다.
71. <u>공중</u> 정원은 세계적 불가사의 중 하나이다.
72. 과거로 갈수록 <u>농사</u>가 천하의 근본이었다.
73. 삶은 편안함보다 <u>평안</u>함이 더 중요하다.

[問 74-78] 다음 訓과 音에 맞는 漢字를 쓰세요.

74. 다행 행 [   ]   75. 편할 편 [   ]
76. 마당 장 [   ]   77. 실과 과 [   ]
78. 들을 문 [   ]

[問 79-81] 다음은 뜻이 相對 또는 反對되는 漢字語를 짝지은것이다. ( )에 공통으로 들어갈 단어를 〈보기〉에서 찾으세요.

| 보기 | ① 化 | ② 語 | ③ 半 |
| | ④ 足 | ⑤ 右 | ⑥ 意 |

79. 前 [   ] ↔ 後 [   ]
80. 文 [   ] ↔ 口 [   ]
81. 充 [   ] ↔ 不 [   ]

[問 82-85] 다음 ( )에 들어 갈 가장 적절한 漢字語를 〈보기〉에서 찾아 그 번호를 써서 漢字語를 만드세요.

| 보기 | ① 成市 | ② 同苦 | ③ 苦口 | ④ 雨順 |
| | ⑤ 決定 | ⑥ 團結 | ⑦ 雨水 | ⑧ 各色 |

82. 大同[   ] : 어떤 목적으로 한데 뭉침.
83. [   ]同樂 : 같이 고생하고 같이 즐김.
84. [   ]風調 : 비오고 바람 붊이 순조로움.
85. 門前[   ] : 찾아오는 사람이 많음.

[問 86-88] 다음 漢字와 뜻이 같거나 비슷한 漢字를 〈보기〉에서 찾아 그 번호를 쓰세요.

| 보기 | ① 着 | ② 習 | ③ 訓 |
| | ④ 通 | ⑤ 類 | ⑥ 白 |

86. 等 [   ]   87. 到 [   ]
88. 練 [   ]

[問 89-91] 다음 뜻풀이에 해당하는 단어를 동음이의어 중에서 찾아 번호를 쓰세요.

89. 공동 목적으로 만든 단체 :
    ① 決死 ② 結社   [   ]
90. 새롭고 산뜻하거나 싱싱함 :
    ① 新仙 ② 新鮮   [   ]
91. 공로와 허물 : ① 功過 ② 工科 [   ]

[問 92-94] 다음 뜻풀이에 맞는 漢字語를 〈보기〉에서 찾아 그 번호를 쓰세요.

| 보기 | ① 發效 | ② 效力 | ③ 宿食 |
| | ④ 宿所 | ⑤ 植樹 | ⑥ 樹木 |

92. 효과가 발생함   [   ]
93. 나무를 심음   [   ]
94. 자고 먹음   [   ]

[問 95-97] 다음 漢字의 略字(약자:획수를 줄인 漢字)를 쓰세요.

| 보기 | 國 → 国 |

95. 氣 [   ]   96. 體 [   ]
97. 會 [   ]

[問 98-100] 다음 漢字의 진하게 표시한 획은 몇 번째 쓰는지 〈보기〉에서 찾아 그 번호를 쓰세요.

보기	① 첫 번째	② 두 번째
	③ 세 번째	④ 네 번째
	⑤ 다섯 번째	⑥ 여섯 번째
	⑦ 일곱 번째	⑧ 여덟 번째
	⑨ 아홉 번째	

98.
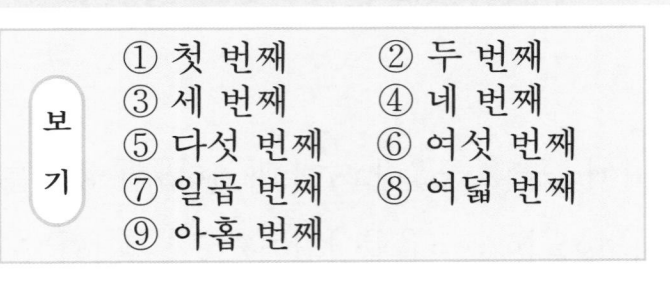
[   ]

99.

[   ]

100.
[   ]

합격점수 : 70점
제한시간 : 50분

㈜한국어문회 시행 · 수험생들에 의해 모은 것입니다.

[問 1-35] 다음 밑줄 친 漢字語의 讀音을 쓰세요.

1. 모든 의안이 <u>合法</u>적으로 처리되었다.
2. 좋은 임금은 항상 좋은 <u>臣下</u>를 아꼈다.
3. 통계에 의하면 최빈국 사람들의 <u>幸福</u> 지수가 가장 높게 나온다고 한다.
4. 유형 무형의 물건값을 <u>價格</u>이라고 한다.
5. <u>卒業式</u>은 여전히 가장 중요한 학교 행사다.
6. 이전에 농촌에서는 <u>邑內</u>에 나가 생필품을 사오곤 했다.
7. 대도시에는 단독 <u>住宅</u>에 사는 사람이 점점 줄어들고 있다.
8. <u>感情</u>이 지나치게 예민한 사람은 쉽게 화를 내기도 한다.
9. 인간 세계에는 <u>永遠</u>이란 없다.
10. 그분은 고령임에도 <u>畫筆</u>을 놓지 않았다.
11. 금년은 막바지 기온이 높고 햇볕이 좋아 모든 열매가 <u>充實</u>하다.
12. 좋은 리더는 구성원들 간의 <u>調和</u>를 중요하게 생각한다.
13. 젊은이여 <u>野望</u>을 가지라.
14. <u>雨中</u>임에도 행사의 모든 순서가 예정대로 진행되었다.
15. 요즘은 웬만한 <u>銀行</u>일을 집에서 처리할 수 있어 편하다.
16. 눈앞에 <u>展開</u>되는 경치에 감탄사가 절로 나왔다.
17. 피아노는 모든 악기의 <u>基本</u>이 된다.
18. 군인들이 거수경례할 때 가장 애용하는 구호가 '<u>必勝</u>'이다.
19. <u>白雲</u>대는 서울 근교에서 가장 높은 산이다.
20. 요즘은 거리에서 <u>洋服店</u>을 찾아보기 어렵다.
21. 다행히 <u>醫術</u>이 뛰어난 분을 만났다.
22. 휴대전화의 보급으로 상대방과의 직접 <u>通話</u>가 쉬워졌다.
23. 풍족한 때에도 근검 <u>節約</u>하는 자세를 잃지 말아야겠다.
24. 어떤 곳에 가면 음식점마다 <u>元祖</u>라고 내걸은 것을 볼 수 있다.

25. 철수는 <u>放學</u> 숙제를 위해 박물관에 갔다.
26. 헐다만 집들이 <u>凶物</u>스럽다.
27. 컴퓨터 관련 소프트웨어는 <u>正品</u>을 사서 쓰는 것이 원칙이다.
28. 옛 선비들은 <u>順風</u>에 돛단배를 띄워 놓고 풍류를 즐겼다.
29. 이순신 장군은 무예와 <u>知性</u>을 두루 갖춘 분이었다.
30. 제주도는 세계적인 <u>觀光</u> 명소다.
31. 감기에는 <u>特效</u>약이 없다.
32. 잘못했으면 벌을 받는 게 <u>當然</u>하다.
33. 운동장의 고목나무는 학교의 <u>歷史</u>를 보여주는 듯하다.
34. 회장 선거의 <u>結果</u>가 궁금하다.
35. 이번 모임에는 회원이 전원 <u>參席</u>하였다.

[問 36-58] 다음 漢字의 訓과 音을 쓰세요.

36. 任
37. 兒
38. 相
39. 陸
40. 害
41. 到
42. 奉
43. 的
44. 質
45. 歲
46. 己
47. 束
48. 番
49. 舊
50. 仙
51. 士
52. 週
53. 族
54. 太
55. 以
56. 傳
57. 兵
58. 州

[問 59-61] 다음 [ ]에 각각 뜻이 반대 또는 상대되는 글자를 〈보기〉에서 찾아 넣어 단어가 되게 하세요.

보기 ① 弟 ② 班 ③ 客 ④ 野
      ⑤ 朝 ⑥ 溫 ⑦ 夜

59. 主 [　　]
60. 晝 [　　]
61. [　　] 夕

[問 62-65] 다음 [ ]안에 각각 알맞은 글자를 〈보기〉에서 찾아 넣어 사자성어를 완성하세요.

보기
① 成 ② 書 ③ 良 ④ 別
⑤ 敬 ⑥ 手 ⑦ 夏 ⑧ 才

62. [ ]藥苦口 : 좋은 약은 입에 씀.
63. [ ]天愛人 : 하늘을 공경하고 사람을 사랑함.
64. 門前[ ]市 : 문 앞이 저자거리마냥 찾아오는 사람이 많음.
65. 多[ ]多能 : 재주 많고 잘하는 것이 많음.

[問 66-68] 다음 ( )안에 각각 訓이 같은 글자를 〈보기〉에서 찾아 넣어 단어가 되게 하세요.

보기
① 話 ② 自 ③ 在
④ 由 ⑤ 共 ⑥ 養

66. ( )同   60. 說 ( )
68. ( )育

[問 69-71] 다음 각 단어와 음은 같으나 뜻이 다른 단어를 쓰되 주어진 뜻풀이에 맞는 말을 漢字로 쓰세요.

69. 九章 : 구기를 하는 운동장   [ ]
70. 全力 : 싸우는 힘   [ ]
71. 消化 : 불을 끔   [ ]

[問 72-74] 다음 漢字語의 뜻을 쓰세요.

72. 變速 :
73. 樹種 :
74. 米商 :

[問 75-77] 다음 漢字의 略字(약자:획수를 줄인 漢字)를 쓰세요.

보기   國 → 国

75. 體 [ ]   76. 來 [ ]
77. 藥 [ ]

[問 78-97] 다음 글의 밑줄 친 단어를 漢字로 쓰세요.

78. 금융기관은 특별히 신용을 중시한다. [ ]
79. 주위의 격려로 용기를 내어 번지점프에 도전했다. [ ]
80. 작년 겨울은 정말 많이 추웠다.
81. 가정이 편안해야 바깥일도 잘 된다.
82. 주문이 밀려들어 매일 밤샘 작업을 할 정도다.
83. 시인 김소월은 짧은 생애에 수많은 명작을 남겼다.
84. 차창 밖으로는 여름 산의 푸르름이 지나가고 있었다.
85. 제 고장 음식이 몸에 좋다고 한다.
86. 4월 5일은 식목일이다.
87. 우리 할머님은 화초 가꾸기가 취미시다.
88. 차를 움직이려면 먼저 시동을 걸어야 한다.
89. 요즘 학생들은 계산기 때문에 암산 능력이 떨어진다고 한다.
90. 얼마 전에 우리나라에서도 부분 월식이 관측되었다.
91. 에디슨을 흔히 발명의 아버지라고 일컫는다.
92. 토의에서는 소수의 반대 의견도 존중해야 한다.
93. 이번에 맡은 공사에는 사운이 걸려 있다.
94. 요즘은 소문이 빨리 그리고 멀리 퍼진다.
95. 좋은 음악은 마음을 편안하게 해 준다.
96. 그 친구는 어렸을 때부터 신동 소리를 들었다.
97. 심심할 때 지도를 들여다보면 재미있다.

[問 98-100] 다음 漢字의 진하게 표시한 획은 몇 번째 쓰는지 〈보기〉에서 찾아 그 번호를 쓰세요.

보기
① 첫 번째 ② 두 번째
③ 세 번째 ④ 네 번째
⑤ 다섯 번째 ⑥ 여섯 번째
⑦ 일곱 번째 ⑧ 여덟 번째
⑨ 아홉 번째

98. 功   [ ]

99. 身   [ ]

100. 右   [ ]

합격점수 : 70점
제한시간 : 50분

(社)한국어문회 시행

수험생들에 의해 모은 것입니다.

[問 1-35] 다음 밑줄 친 漢字語의 讀音을 쓰세요.

1. 일본 <u>首相</u>이 우리나라를 방문하였습니다.
2. 사람들은 <u>邑長</u>을 찾아가서 불편한 사항의 개선을 요구하였습니다.
3. 후보들이 내건 <u>公約</u>이 잘 지켜질지 의문입니다.
4. 그 영화는 줄거리의 <u>展開</u>가 박진감이 넘쳤다.
5. 친구 간의 <u>友情</u>은 소중한 재산입니다.
6. 동생은 <u>偉人</u>전을 읽고 독후감을 썼습니다.
7. 외국어를 잘하기 위해서는 많은 <u>練習</u>이 필요합니다.
8. 그는 <u>過勞</u>하여 결국 병원에 입원하였습니다.
9. 밤에는 등불로 신호를 <u>識別</u>하였습니다.
10. 지하도에는 <u>商店</u>이 늘어서 있었습니다.
11. 그의 글씨에는 <u>獨特</u>한 멋이 있습니다.
12. 옛날 민간 신앙에서는 <u>神仙</u>을 믿고 오래 살기를 기원하였습니다.
13. 갑옷을 입은 <u>兵士</u>들이 줄지어 서있습니다.
14. 그는 자식을 가르치느라고 <u>財産</u>을 모으지 못했습니다.
15. 선수들은 모두가 <u>團合</u>된 힘을 보여주었습니다.
16. 개학식 전날에 방학 <u>宿題</u>를 마무리하였습니다.
17. 지위가 높으면 권한과 <u>責任</u>도 무겁습니다.
18. 학생들의 <u>要望</u>대로 휴게실을 만들기로 하였습니다.
19. 외국인들은 작은 <u>親切</u>에도 고마워하였습니다.
20. 다른 반 학생과 가볍게 <u>目禮</u>를 나누었습니다.
21. 수출입 물품은 <u>通關</u>절차에 따라야 합니다.
22. 산꼭대기에는 붉은 노을에 물든 <u>雲海</u>가 흘렀습니다.
23. 냉장고에 보관된 우유도 <u>變質</u>될 수 있습니다.
24. 그는 경제 <u>觀念</u>이 없어 수입보다 지출이 많았습니다.
25. 농수산물 <u>價格</u>이 많이 올랐습니다.
26. 경기도 <u>廣州</u>에는 남한산성과 수어장대 등의 명승지가 있다.
27. 여러 색깔로 <u>具色</u>을 맞추었습니다.
28. 학생들은 나라에 <u>奉仕</u>하는 정신을 길렀습니다.
29. 일주일 동안 <u>週番</u> 활동을 하였습니다.
30. 좌석은 모두 팔리고 <u>立席</u>밖에 없었습니다.
31. 주몽에 대한 고구려의 <u>傳說</u>이 전해집니다.
32. 그는 <u>法度</u>가 엄한 집안에서 자랐습니다.
33. 담배는 우리 몸에 <u>害惡</u>하다.
34. 다른 지역에서 온 장사치들로 <u>客主</u>가 북적였습니다.
35. 인간은 자연과 <u>調和</u>를 이루면서 살고 있습니다.

[問 36-58] 다음 漢字의 訓과 音을 쓰세요.

보기 字 → 글자 자

36. 筆
37. 基
38. 必
39. 朗
40. 德
41. 兒
42. 鮮
43. 典
44. 臣
45. 告
46. 流
47. 着
48. 宅
49. 局
50. 陸
51. 充
52. 的
53. 福
54. 歲
55. 卒
56. 綠
57. 以
58. 己

[問 59-61] 다음 각 단어와 음은 같으나 뜻이 다른 단어를 쓰되 주어진 뜻풀이에 맞는 말을 漢字로 쓰세요.

59. 電線 - [   ] : 싸움을 벌이는 지역을 가상으로 연결한 선
60. 地面 - [   ] : 종이의 겉 면
61. 短信 - [   ] : 작은 키

[問 62-64] 다음 [   ] 안에 각각 뜻이 반대 또는 상대되는 漢字를 써넣어 단어가 되게 하세요.

62. 昨 ↔ [   ]   63. [   ] ↔ 舊

64. 强 ↔ [   ]

[問 65-68] 다음 [   ]안에 각각 알맞은 글자를 〈보기〉에서 찾아 넣어 四字成語를 완성하세요.

보기 ① 良藥 ② 洋藥 ③ 作用 ④ 死活
      ⑤ 事愛 ⑥ 天愛 ⑦ 多才 ⑧ 多少

65. 敬[   ]人   66. 同化[   ]

67. [   ]多能   68. [   ]苦口

[問 69-71] 다음 [   ]에 각각 訓이 같은 글자를 〈보기〉에서 찾아 넣어 단어가 되게 하세요.

보기 ① 根   ② 母   ③ 圖
      ④ 物   ⑤ 午   ⑥ 育

69. [   ]品   70. 養[   ]

71. [   ]畫

[問 72-91] 다음 글의 밑줄 친 낱말을 漢字로 쓰세요.

보기 한자 → [漢字]

72. 서울 근교는 원예농업이 활발합니다.

73. 음식을 가리지 말고 골고루 먹어야 합니다.

74. 주판을 이용하여 물건 값을 계산하였다.

75. 아이들은 교과서를 들고 문학작품을 낭송하였습니다.

76. 고온다습한 여름 계절풍은 벼농사에 유리합니다.

77. 산야가 백설로 뒤덮였다.

78. 경제문제를 집중적으로 논의하였습니다.

79. 그 일을 하기에는 용기가 필요하였다.

80. 그의 작품은 소문에 듣던 대로 훌륭하였습니다.

81. 학교 운동장에서 아이들이 공을 차고 있다.

82. 교통과 통신의 발달은 세계를 지구촌화하였다.

83. 은행에 있는 자동지급기에서 현금을 찾았습니다.

84. 어머니의 꾸지람을 듣고 잘못을 반성하였다.

85. 여러분의 가정에 축복이 있기를 기원합니다.

86. 꼭짓점이 셋 이상인 도형에는 삼각형이 포함된다.

87. 아이들은 음악에 맞춰 몸을 흔들었다.

88. 작은 섬에 있는 분교의 학생들을 초청하였다.

89. 그는 이번 대회에서 발명왕으로 뽑혔다.

90. 오늘의 성공은 그동안 노력한 결과입니다.

91. 그는 재산 전부를 사회단체에 기부하였다.

[問 92-94] 다음 漢字語의 뜻을 쓰세요.

92. 遠近 : [   ]

93. 雨衣 : [   ]

94. 洗車 : [   ]

[問 95-97] 다음 漢字의 略字(약자:획수를 줄인 漢字)를 쓰세요.

95. 體 - [   ]   96. 讀 - [   ]

97. 對 - [   ]

[問 98-100] 다음 漢字의 진하게 표시한 획은 몇 번째 쓰는지 〈보기〉에서 찾아 그 번호를 쓰세요.

보기 ① 첫 번째   ② 두 번째
      ③ 세 번째   ④ 네 번째
      ⑤ 다섯 번째   ⑥ 여섯 번째
      ⑦ 일곱 번째   ⑧ 여덟 번째
      ⑨ 아홉 번째

98. 男   [   ]

99. 北   [   ]

100. 來   [   ]

(社)한국어문회 시행   수험생들에 의해 모은 것입니다.

[問 1-35] 다음 밑줄 친 漢字語의 讀音을 쓰세요.

1. 근로자에게 正當한 대가를 주도록 기업가는 힘써야 한다.
2. 학비를 스스로 해결하려고 休學하는 학생이 많다.
3. 연기자들은 感情 조절을 빨리 할 수 있어야 한다.
4. 우리 민족은 분파 분열의 악습을 淸算해야 한다.
5. 그는 어려서부터 운동에 頭角을 나타내 올림픽에 출전하였다.
6. 知識의 교만은 멸망의 선봉이다.
7. 이스라엘 교육의 成功 비결은 토론 교육이라고 한다.
8. 質問이 없는 교실은 죽은 교육을 하고 있는 것이다.
9. 선진국은 말에 믿음이 있고 信用이 통하는 사회를 말한다.
10. 기분을 잘 調節하여야 정신 건강을 유지할 수 있다.
11. 登山이 한국인 최고의 건강 비결이다.
12. 수술실에는 수술 道具들이 청결히 유지되어야 한다.
13. 農業은 천하의 근본이다.
14. 奉仕는 사랑의 실천이다.
15. 한국을 자유민주주의 국가로 세움은 靑史에 빛나는 업적이다.
16. 産苦는 잠깐이지만 자녀를 기름은 영원한 복락이라.
17. 주변의 유명한 산, 강이 등장하는 校歌가 많다.
18. 土氣란 원래 선비의 기개를 뜻하였다.
19. 인터넷 중독은 청소년을 황폐화시키는 무서운 害惡이다.
20. 무상 급식은 엄밀히 表現하면 세금 분배 급식이다.
21. 客觀을 가장한 주관은 거짓이다.
22. 인간에게는 누구나 永遠을 사모하는 마음이 있다.
23. 순결은 男女 관계에서 절대적 요소로 작용할 때가 많다.
24. 그린벨트 정책 덕분에 울창한 樹木을 물려받게 되었다.
25. 기업들이 價格 담합을 하면 불공정 행위로 처벌 받는다.
26. 한국전쟁을 6.25 事變이라고도 부른다.
27. 종교마다 萬福의 근원이 어디에 있는지를 가르친다.
28. 불이 났지만 사람은 살았으니 多幸스러운 일이었다.
29. 民族 정체성을 지키고 동화되지 않도록 힘써야 한다.
30. 독도를 實效的으로 지배하면서도 외교적 설득을 지속해야 한다.
31. 각고의 노력 끝에 首席 졸업을 하였다.
32. 家禮는 집안 법도의 근본이다.
33. 宅地 재개발 사업을 잘 하여야 주택 정책도 잘 풀린다.
34. 국민의 敎養은 나라의 수준을 결정한다.
35. 언행을 보면 人品을 알 수 있다.

[問 36-58] 다음 漢字의 訓과 音을 쓰세요.

36. 展   37. 以   38. 第
39. 直   40. 寸   41. 在
42. 習   43. 元   44. 雪
45. 洗   46. 章   47. 黃
48. 昨   49. 重   50. 來
51. 飮   52. 植   53. 分
54. 太   55. 海   56. 出
57. 見   58. 開

[問 59-73] 다음 밑줄 친 漢字語를 漢字로 쓰세요.

59. 개막전에서 이효리가 시구를 하였다.
60. 아이는 동화를 많이 읽고 들어야 상상력과 창의력이 풍부해진다.
61. 대리 투표는 부정행위이다.
62. 정부나 개인은 비상사태 발생에 늘 대비하여야 한다.
63. 그의 목소리는 천상의 목소리로 칭찬받는다.
64. '전장'은 '전쟁'과 달리 '싸움터'를 뜻한다.
65. 작심하고 비판을 하였다.
66. 동리마다 의병들이 나와 일본군에 저항하였다.
67. 효자의 집안은 가정 법도가 살아 있다.
68. 풍문만 듣고 사람을 평가해서는 안 된다.

[問 74-78] 다음 訓과 音에 맞는 漢字를 쓰세요.

보기 나라 국 → 國

74. 모양 형 [   ]　　75. 먼저 선 [   ]
76. 살 주　 [   ]　　77. 짧을 단 [   ]
78. 모을 집 [   ]

[問 79-81] 다음 제시된 漢字와 뜻이 상대 또는 반대 되는 漢字를 (　)안에 써 넣어 글을 완성하세요.

79. 국군은 6.25 때 국가의 死[　　]을 걸고 공산당과 싸워 나라를 지켰다.
80. 부모의 사고사 때문에 손자가 할아버지와 사는 [　　]孫 가정이 많다.
81. 군사력의 强[　　]은 장비의 수준, 지휘자 와 병사의 사기에 달려 있다.

[問 82-85] 다음 [　]에 들어갈 漢字를 〈보기〉에서 찾아 그 번호를 써서 漢字語를 만드세요.

보기 ① 老　② 計　③ 藥　④ 木
　　　⑤ 省　⑥ 愛　⑦ 綠　⑧ 樂

82. 敬[　　]는 장유유서의 도리이다
83. 一日三[　　]을 실천하며 교만하지 말아 야 한다.
84. 草[　　]同色을 속담으로 표현하면 '가재 는 게편'이다.
85. 良[　　]은 입에 쓴 법이다.

[問 86-88] 다음 漢字와 뜻이 같거나 비슷한 漢字를 〈보기〉에서 찾아 문장을 완성하고 그 번호를 쓰세요.

보기 ① 自　② 束　③ 合　④ 典
　　　⑤ 堂　⑥ 目

86. 법관이 法(　　)을 모르는 것은 군인이 총을 다룰 줄 모르는 것과 같다.
87. 모든 죄는 (　　)白하고 용서를 받을 때 참 자유와 해방감을 느낀다.
88. 국가 안보에서는 국민 내부의 結(　　)이 가장 중요하다.

[問 89-91] 다음 漢字語와 음이 같으면서 다음 풀이에 알 맞은 漢字語를 〈보기〉에서 찾아 그 번호를 쓰세요.

보기 ① 前科　② 全課　③ 有數　④ 高明
　　　⑤ 新鮮　⑥ 有名

89. 全科 - (　　) : 전에 죄를 범하여 받은 형벌 의 전력
90. 流水 - (　　) : 손꼽을 만큼 두드러지거나 훌륭함.
91. 神仙 - (　　) : 새롭고 산뜻함.

[問 92-94] 다음 뜻에 맞는 漢字語를 〈보기〉에서 골 라 그 번호를 쓰세요.

보기 ① 一切　② 一體　③ 相反　④ 反正
　　　⑤ 立身　⑥ 立法

92. 자리나 지위를 확고히 세우거나 차지함 [　　]
93. 모든 것　　　　　　　　　　　　　 [　　]
94. 서로 반대되거나 어긋남　　　　　　 [　　]

[問 95-97] 다음 漢字의 略字(약자:획수를 줄인 漢字)를 쓰세요.

95. 讀 [　　]　　96. 數 [　　]
97. 會 [　　]

[問 98-100] 다음 漢字의 진하게 표시한 획은 몇 번 째 쓰는지 〈보기〉에서 찾아 그 번호를 쓰세요.

보기 ① 첫 번째　　　② 두 번째
　　　③ 세 번째　　　④ 네 번째
　　　⑤ 다섯 번째　 ⑥ 여섯 번째
　　　⑦ 일곱 번째　 ⑧ 여덟 번째

98. 必 [　　]

99. 畫 [　　]

100. 別 [　　]

(社)한국어문회 시행　　　　　　　　　　수험생들에 의해 모은 것입니다.

[問 1-35] 다음 밑줄 친 漢字語의 讀音을 쓰세요.

1. 건전한 국민정신은 건전한 <u>體育</u> 활동으로 뒷받침 되어야 한다.
2. 우리는 <u>參戰</u> 16개국의 도움을 잊어서는 안 된다.
3. 어느 사회에나 섬김과 나눔은 아무리 많이 해도 <u>不足</u>하다.
4. <u>綠色</u> 성장은 새로운 에너지 절약의 실천을 요구한다.
5. 국어의 타락이 극심하여 국어에 대한 <u>意識</u> 개혁이 요구된다.
6. <u>孝道</u>는 모든 행동의 근본이다.
7. 다문화사회에서는 <u>民族</u>보다 국가가 더 중요하다.
8. <u>所有</u>만 하려고 하면 삶의 궁극적 존재 가치를 잃게 된다.
9. 한류 바람을 <u>觀光</u> 대국으로 도약하는 계기로 삼아야 한다.
10. 부국과 <u>强兵</u>은 나라의 꿈이다.
11. 수출 <u>中心</u> 경제 정책이 한강의 기적을 이루었다.
12. <u>農業</u>도 경영 원리가 필요하다.
13. <u>小食</u>하면 장수한다.
14. <u>家庭</u>은 모든 교육의 출발지이다.
15. 한국은 아시아의 <u>太陽</u>으로 존경받는 나라가 되어야 한다.
16. <u>新聞</u>은 인터넷 시대에도 여전히 경쟁력이 있다.
17. 반복 <u>練習</u>은 외국어 학습에서 필수이다.
18. <u>兒童</u>들에게는 부모의 과보호나 잔소리가 모두 스트레스이다.
19. <u>幸運</u>은 땀 흘리는 자에게 온다.
20. <u>速度</u>를 즐기면 사고 나기 쉽다.
21. 한글 사용의 편리함은 한글 창제의 <u>實用</u> 정신을 보여준다.
22. 지도자는 <u>責任</u>을 지는 사람이다.
23. <u>旅順</u> 감옥에서 돌아간 안중근 의사의 유해를 아직 못 찾았다.
24. 그는 <u>使臣</u>으로 중국에 갔다.
25. <u>敎室</u>의 학생은 줄었지만 학생지도는 더 힘들어졌다.
26. 두 나라의 <u>結速</u>을 다졌다.
27. <u>財物</u>은 스스로 아껴 쓰고 남에게 베푸는 자에게 남아 있다.
28. 양보는 교양인의 <u>美德</u>이다.
29. 인터넷 검색보다 사색하는 습관이 <u>必要</u>하다.
30. <u>學校</u>는 경쟁을 통해 협동의 기술을 배우는 배움터이다.
31. 내가 먼저 하는 <u>明朗</u>한 아침 인사는 보람찬 하루를 보장한다.
32. 남을 속여도 <u>自己</u>를 속일 수는 없다.
33. 설날이 되면 집안과 이웃의 <u>萬福</u>을 빌며 덕담을 나눈다.
34. 어려서부터 독서를 많이 하면 존경하는 <u>偉人</u>을 발견하게 된다.
35. 인간은 <u>反省</u>할 줄 아는 존재이다.

[問 36-58] 다음 漢字의 訓과 音을 쓰세요.

36. 後	37. 害	38. 畫
39. 集	40. 歷	41. 術
42. 歌	43. 望	44. 歲
45. 晝	46. 園	47. 重
48. 春	49. 朝	50. 過
51. 待	52. 植	53. 典
54. 舊	55. 鮮	56. 樹
57. 變	58. 圖	

[問 59-61] 다음 [ ]에 각각 뜻이 반대 또는 상대되는 글자를 〈보기〉에서 찾아 넣어 단어가 되게 하세요.

보기	① 知	② 人	③ 惡
	④ 苦	⑤ 海	⑥ 上

59. 愛[　　]　　　　60. [　　]行
61. 陸[　　]

[問 62-65] 다음 [   ] 안에 각각 알맞은 글자를 〈보기〉에서 찾아 넣어 사자성어를 완성하세요.

| 보기 | ① 團 ② 短 ③ 性 ④ 情 |
| | ⑤ 淸 ⑥ 靑 ⑦ 奉 ⑧ 勞 |

62. 一長一[   ] : 일면의 장점과 다른 일면의 단점을 통틀어 이르는 말.

63. [   ]山流水 : 푸른 산에 맑은 물, 막힘없이 잘하는 말을 비유하는 말.

64. [   ]仕活動 : 국가, 사회나 남을 위해 힘을 바쳐 애씀.

65. 多[   ]多感 : 감수성이 예민하고 느끼는 비가 많음.

[問 66-68] 다음 [   ]안에 각각 訓이 같은 글자를 〈보기〉에서 찾아 넣어 단어가 되게 하세요.

| 보기 | ① 成 ② 度 ③ 方 |
| | ④ 說 ⑤ 直 ⑥ 着 |

66. [   ]話   67. 到[   ]

68. [   ]式

[問 69-71] 다음 각 단어와 음은 같으나 뜻이 다른 단어를 쓰되 주어진 뜻풀이에 맞는 말을 漢字로 쓰세요.

69. 和約 : 폭발 작용을 일으키는 화합물

70. 傳記 : 전자의 움직임으로 생기는 에너지의 한 형태로 불을 켠다.

71. 時調 : 겨레나 집안의 맨 처음이 되는 조상

[問 72-74] 다음 漢字語의 뜻을 간단히 쓰세요.

72. 廣場 : [   ]

73. 江村 : [   ]

74. 老少 : [   ]

[問 95-97] 다음 漢字의 略字(약자:획수를 줄인 漢字)를 쓰세요.

75. 會 - [   ]   76. 數 - [   ]

77. 對 - [   ]

[問 78-97] 다음 글의 밑줄 친 단어를 漢字로 쓰세요.

78. 자투리 공간을 잘 활용하자.

79. 풍설은 차가운 눈바람을 뜻한다.

80. 고향에 서신 한 통을 부쳤다.

81. 내일의 희망을 버리지 말라.

82. 6.25 때 철원, 평강, 김화의 철의 삼각 지대 전투는 치열하였다.

83. 출세는 정직과 성실이 보장한다.

84. 천재는 99%의 땀으로 이뤄진다.

85. 아이들은 좌우를 분별 못한다.

86. 이름을 바르게 명명하여야 한다.

87. 미래의 창문을 열고 꿈을 꾸라.

88. 이기적 계산에 밝으면 안 된다.

89. 북한 독재에 초목도 탄식한다.

90. 부모의 은혜는 바다보다 넓다.

91. 매일 평안의 인사를 주고받자.

92. 참 제자는 참 스승에서 나온다.

93. 감동적 표현은 깊은 생각에서 우러 나온다.

94. 그는 경험 없는 백면서생이다.

95. 철수 집 형편이 좋아졌다.

96. 나를 대신해 살아 줄 이는 없다.

97. 전과를 뉘우치고 새사람이 되자.

[問 98-100] 다음 漢字의 진하게 표시한 획은 몇 번째 쓰는지 〈보기〉에서 찾아 그 번호를 쓰세요.

보기	① 첫 번째 ② 두 번째
	③ 세 번째 ④ 네 번째
	⑤ 다섯 번째 ⑥ 여섯 번째
	⑦ 일곱 번째 ⑧ 여덟 번째
	⑨ 아홉 번째 ⑩ 열 번째

98. 發   [   ]

99. 良   [   ]

100. 黃   [   ]

합격점수 : 70점
제한시간 : 50분

㈜한국어문회 시행

수험생들에 의해 모은 것입니다.

[問 1-35] 다음 밑줄 친 漢字語의 讀音을 쓰세요.

(가) (1)土氣가 넘치는 (2)軍卒, (3)自身보다 국민과 국가를 먼저 생각하는 공직자, 국민의 건강을 항상 염려하는 (4)農民, 그리고 웃어른을 잘 받들어 모시는 젊은이로 가득 찬 우리나라는 (5)展望이 매우 밝다.

(나) 공무원은 (6)利害를 따지기 전에 公人으로서의 (7)責任을 먼저 생각해야 한다.

(다) 젊은이에게도 (8)上下와 (9)先後를 (10)分別하는 슬기가 요구된다.

(라) (11)品格있는 언어생활, (12)禮節바르고 겸손한 태도, 그리고 양보와 (13)奉仕 정신에 차 있는 사람은 새 (14)時代를 이끌어 갈 모범적인 지도자 상이다.

(마) (15)親舊를 사귀는 데에도 언제나 (16)言行이 (17)信實해야 한다.

(바) (18)海洋 (19)植物에서부터 (20)陸地의 동물과 (21)空中을 날아가는 새들까지 (22)生命은 모두 (23)所重한 것이다.

(사) (24)良書를 찾아 읽고, (25)團體 (26)活動에 함께 하거나 (27)參觀하는 노력도 뜻있는 일이다.

(아) (28)明朗한 생활 습관과 (29)獨立 정신, 그리고 (30)調和로운 (31)食事 (32)訓練이 필요하다.

(자) (33)兒童의 (34)養育에는 (35)父母의 무한한 정성과 희생이 따른다.

[問 36-58] 다음 漢字의 訓과 音을 쓰세요.

보기 讀 → [읽을 독]

36. 商 [   ]　37. 服 [   ]
38. 米 [   ]　39. 勞 [   ]
40. 當 [   ]　41. 念 [   ]
42. 結 [   ]　43. 兵 [   ]

44. 束 [   ]　45. 友 [   ]
46. 財 [   ]　47. 充 [   ]
48. 畫 [   ]　49. 目 [   ]
50. 班 [   ]　51. 宿 [   ]
52. 雨 [   ]　53. 必 [   ]
54. 效 [   ]　55. 筆 [   ]
56. 川 [   ]　57. 情 [   ]
58. 雲 [   ]

[問 59-73] 다음 밑줄 친 단어를 漢字로 쓰세요.

(가) (59)도표를 이용하여 버섯의 항암 (60)작용을 설명하였다.

(나) (61)임간(숲사이)을 스쳐가는 (62)청풍의 시원함에 여름을 잊을 수 있었다.

(다) (63)효도하는 (64)자녀, 화목하고 웃음꽃 피는 (65)가정은 우리의 이상이다.

(라) 이 산과 들에도 (66)화초가 피고 젊은 (67)청춘들이 노래하는 봄이 오리라.

(마) (68)대화할 상대가 없어 더욱 쓸쓸하고, (69)금년이 지나면 이 산도 다시 찾기 어려울 듯하여 가슴이 아린다.

(바) (70)동남쪽으로 푸른 바다가 아련하고, (71)직선으로 뻗은 도로에는 사람 하나 보이지 않았다.

(사) 한겨울 (72)설산에서 고향의 (73)형제를 생각했다.

[問 74-78] 다음 漢字의 訓과 音을 쓰세요.

보기 나라 국 → [國]

74. 새   신 : [   ]
75. 마실 음 : [   ]
76. 쉴   휴 : [   ]
77. 살필 성 : [   ]
78. 이치 리 : [   ]

[問 79-81] 다음 [ ]안에 각각 뜻이 반대 또는 상대되는 글자를 〈보기〉에서 찾아, 자주 쓰이는 단어가 되게 번호를 쓰세요.

보기	① 藥 ② 多 ③ 答 ④ 學 ⑤ 晝 ⑥ 住 ⑦ 江 ⑧ 强

79. [ ]弱   80. [ ]夜
81. 問[ ]

[問 82-84] 다음 漢字와 뜻이 같거나 비슷한 漢字를 〈보기〉에서 찾아, 그 번호를 쓰세요.

보기	① 平 ② 度 ③ 典 ④ 到 ⑤ 安 ⑥ 通 ⑦ 說 ⑧ 根

82. 便[ ]한 생활
83. 목적지에 [ ]着하다.
84. [ ]本 문제

[問 85-86] 다음 [ ]에 알맞은 漢字를 〈보기〉에서 찾아 그 번호를 적어, 자주 쓰이는 단어를 만드세요.

보기	① 病 ② 幸 ③ 法 ④ 級 ⑤ 害 ⑥ 急

85. 장마철에 水[ ]를 입었다.
86. [ ]苦를 겪다.

[問 87-88] 다음 漢字語의 뜻을 간단히 풀이하세요.
87. 古宅 : [   ]
88. 主客 : [   ]

[問 89-91] 다음의 뜻을 가진 同音語를 〈보기〉에서 찾아 그 번호를 쓰세요.

보기	① 發火 ② 火藥 ③ 全功 ④ 傳告 ⑤ 小門 ⑥ 明命 ⑦ 命名 ⑧ 電球

89. 前古 - [ ] : 전하여 알림
90. 明明 - [ ] : 이름을 지어 붙임
91. 戰區 - [ ] : 전류를 통하여 빛을 내는 기구

[問 92-94] 다음 [ ] 안에 알맞은 글자를 〈보기〉에서 찾아 넣어 四字成語를 완성하세요.

보기	① 冬 ② 短 ③ 方 ④ 廣 ⑤ 姓 ⑥ 下 ⑦ 夏 ⑧ 光

92. 同[성]同本 : 성도 같고 본관도 같음
93. 電[광]石火 : 극히 짧은 시간
94. 行[방]不明 : 간 곳을 모름

[問 95-97] 다음 漢字의 略字(약자:획수를 줄인 漢字)를 쓰세요.

보기	學 → 学

95. 發 [ ]
96. 數 [ ]
97. 國 [ ]

[問 98-100] 다음 漢字의 진하게 표시한 획은 몇 번째 쓰는지 〈보기〉에서 찾아 그 번호를 쓰세요.

보기	① 첫 번째 ② 두 번째 ③ 세 번째 ④ 네 번째 ⑤ 다섯 번째 ⑥ 여섯 번째 ⑦ 일곱 번째 ⑧ 여덟 번째 ⑨ 아홉 번째 ⑩ 열 번째

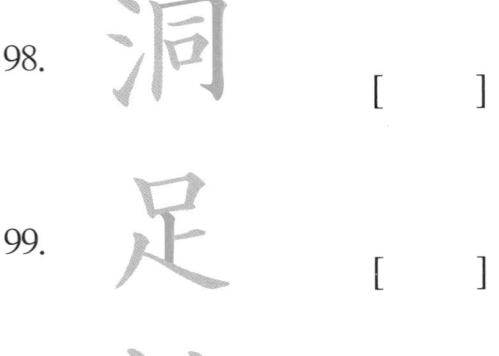

98.   [ ]

99.   [ ]

100.   [ ]

(社)한국어문회 시행

수험생들에 의해 모은 것입니다.

[問 1-35] 다음 밑줄 친 漢字語의 讀音을 쓰세요.

(가) 정치 (1)理念에 의한 (2)結束

(나) (3)商店에 따라 (4)價格이 크게 달랐다.

(다) (5)樹木의 (6)種類도 다양하지만, (7)草本 (8)植物도 여러 가지가 있다.

(라) 우리 (9)父母 세대는 (10)子孫 (11)養育에 (12)家産을 다 쏟아 넣고 쓸쓸한 (13)老年을 맞는 경우가 많다.

(마) (14)歷史를 생각하는 사람은 (15)言行이 언제나 신중한 법인데, 中國과 日本 등의 (16)昨今의 (17)時代 (18)變化 바람이 매우 염려스럽다.

(바) (19)野球 경기를 (20)觀戰할 때에도 옆 사람을 배려할 줄 알아야 한다.

(사) (21)禮節이란 (22)相對方과 (23)上下, (24)先後를 (25)分別하는 슬기에서 (26)出發한다.

(아) (27)知識人에게는 (28)道德性과 (29)責任感이 (30)必要하다.

(자) 정부 (31)當局의 (32)集計에 의하면 지난 번 홍수로 (33)農地 수십만 평이 (34)流失되는 (35)水害를 입었다고 한다.

[問 36-58] 다음 漢字의 訓과 音을 쓰세요.

보기 國 → [나라 국]

36. 偉 [   ]   37. 由 [   ]
38. 太 [   ]   39. 左 [   ]
40. 友 [   ]   41. 野 [   ]
42. 陸 [   ]   43. 敬 [   ]
44. 實 [   ]   45. 孝 [   ]
46. 歌 [   ]   47. 奉 [   ]
48. 章 [   ]   49. 良 [   ]
50. 公 [   ]   51. 旅 [   ]
52. 團 [   ]   53. 省 [   ]
54. 醫 [   ]   55. 充 [   ]
56. 油 [   ]   57. 溫 [   ]
58. 仕 [   ]

[問 59-73] 다음 밑줄 친 단어를 漢字로 쓰세요.

(가) 생각하는 바를 (59)외부로 (60)표현하는 능력은 천부적인 것이 아니라 많은 양의 독서와 표현 훈련에서 이루어지는 것이다.

(나) (61)만리 밖에서부터 요란한 (62)설풍이 몰아치고 있었다.

(다) (63)산수 성적이 좋은 학생이 (64)자연 과목이나 (65)음악 성적도 좋은 법이다.

(라) 한반도의 (66)남북 관계에 새로운 (67)평화의 (68)기운이 나타나는 것일까?

(마) 지구 환경을 생각할 때 (69)산림 자원을 (70)소중히 여겨야 한다.

(바) 원하는 (71)음식을 배불리 먹고 (72)실내에서 (73)편안히 쉴 수 있는 것만으로도 우리는 충분히 즐겁다.

[問 74-78] 다음의 訓과 音을 가진 漢字를 쓰세요.

보기 읽을 독 → [讀]

74. 골   동 : [   ]
75. 매 양 매 : [   ]
76. 지아비 부 : [   ]
77. 비로소 시 : [   ]
78. 날랠 용 : [   ]

[問 79-81] 다음 漢字와 뜻이 같거나 비슷한 漢字를 〈보기〉에서 찾아, 그 번호를 쓰세요.

보기 ① 神 ② 身 ③ 朴 ④ 晝
      ⑤ 話 ⑥ 圖 ⑦ 度 ⑧ 速

79. 오래 전해 오는 說[   ]
80. [   ]體를 단련하다.
81. 急[   ]한 변화

[問 82-84] 다음 [ ]안에 각각 뜻이 반대 또는 상대되는 글자를 〈보기〉에서 찾아, 자주 쓰이는 단어가 되게 번호를 쓰세요.

보기	① 短 ② 死 ③ 元 ④ 多
	⑤ 新 ⑥ 親 ⑦ 遠 ⑧ 答

82. [　]近 　　　　83. 生[　]
84. [　]舊

[問 85-86] 다음 [ ]에 알맞은 漢字를 〈보기〉에서 찾아 그 번호를 적어, 자주 쓰이는 단어를 만드세요.

보기	① 淸 ② 線 ③ 庭
	④ 靑 ⑤ 幸 ⑥ 情

85. [　]福한 미소
86. 꽃이 만발한 [　]園

[問 87-88] 다음 漢字語의 뜻을 간단히 풀이하세요.

87. 待望 : [　　　　　　　　　　]
88. 朝夕 : [　　　　　　　　　　]

[問 89-91] 다음의 뜻을 가진 同音語를 〈보기〉에서 찾아 그 번호를 쓰세요.

보기	① 電球 ② 不足 ③ 前記 ④ 前古
	⑤ 明命 ⑥ 命名 ⑦ 不在 ⑧ 火藥

89. 部族 - [　] : 모자람
90. 明明 - [　] : 사람, 사물, 사건 등의 대상에 이름을 지어 붙임
91. 傳告 - [　] : 지난 옛날

[問 92-94] 다음 [ ] 안에 알맞은 글자를 〈보기〉에서 찾아 넣어 四字成語를 완성하세요.

보기	① 店 ② 明 ③ 休 ④ 命
	⑤ 秋 ⑥ 校 ⑦ 敎 ⑧ 電

92. 開店[휴]業 : 개점은 하고 있으나 휴업한 것이나 다름 없는 상태
93. [전]光石火 : 극히 짧은 시간
94. 春夏[추]冬 : 봄 여름 가을 겨울 네 철

[問 95-97] 다음 漢字의 略字(약자:획수를 줄인 漢字)를 쓰세요.

보기	學 → 学

95. 圖 [　]
96. 會 [　]
97. 體 [　]

[問 98-100] 다음 漢字의 진하게 표시한 획은 몇 번째 쓰는지 〈보기〉에서 찾아 그 번호를 쓰세요.

보기	① 첫 번째 ② 두 번째
	③ 세 번째 ④ 네 번째
	⑤ 다섯 번째 ⑥ 여섯 번째
	⑦ 일곱 번째 ⑧ 여덟 번째
	⑨ 아홉 번째 ⑩ 열 번째

98. 東 [　]

99. 靑 [　]

100. 特 [　]

(社)한국어문회 시행   수험생들에 의해 모은 것입니다.

[問 1-35] 다음 밑줄 친 漢字語의 讀音을 쓰세요.

(가) ⑴幸福은 ⑵所有하는 ⑶財物이나 ⑷住宅의 양
과 크기에 달린 것으로 생각하는 사람이 많다.

(나) ⑸家庭은 인간 ⑹教育의 ⑺出發지이며
⑻到着지이기도 하다.

(다) ⑼兒童과의 ⑽對話에서도 ⑾禮節을 갖추
는 노력이 ⑿必要하다.

(라) 일찍부터 ⒀親舊와의 ⒁交友에 소홀했던
사람은 ⒂老年에 쓸쓸해지기 쉽다.

(마) ⒃海洋과 ⒄陸地는 자라는 ⒅樹木도 다
르고, 문화의 차이도 크다.

(바) ⒆世上 ⒇萬事에는 ㉑始作과 끝이 있는
법이다.

(사) 언어에도 ㉒品格이 있어 ㉓使用하는 사람
의 됨됨이가 드러난다.

(아) ㉔決心과 행동

(자) ㉕局面이 어지러울수록 ㉖多數의 의견을
따르는 것이 ㉗順理이다.

(차) ㉘學業이거나 ㉙運動 경기이거나 최선을
다하지 않고는 좋은 ㉚結果를 기대할 수 없다.

(카) 먼 산의 ㉛形相을 ㉜觀望하다가 어린 시절
의 상념에 빠져들었다.

(타) ㉝飲食으로 ㉞身體를 건강하게 하고, 책을
통하여 정신적 ㉟良識을 얻는다.

[問 36-58] 다음 漢字의 訓과 音을 쓰세요.

보기   國 → [나라 국]

36. 角 [   ]   37. 頭 [   ]
38. 冬 [   ]   39. 聞 [   ]
40. 奉 [   ]   41. 鮮 [   ]
42. 信 [   ]   43. 夜 [   ]
44. 章 [   ]   45. 充 [   ]
46. 表 [   ]   47. 休 [   ]
48. 通 [   ]   49. 調 [   ]

50. 展 [   ]   51. 性 [   ]
52. 關 [   ]   53. 念 [   ]
54. 團 [   ]   55. 旅 [   ]
56. 米 [   ]   57. 商 [   ]
58. 雲 [   ]

[問 59-73] 다음 밑줄 친 단어를 漢字로 쓰세요.

(가) 초등학생도 ⑸⑼부모님의 ⑹⓪성명 3字 정
도는 쓸 수 있어야 한다.

(나) ⑹⑴교장 선생님의 말씀을 ⑹⑵주의 깊게 들
었다.

(다) ⑹⑶수족을 ⑹⑷활기 차게 흔들었다.

(라) ⑹⑸춘추를 가리지 않고 ⑹⑹시장에는 다양
한 상품들이 있었다.

(마) ⑹⑺천하에 ⑹⑻인재는 가득하나 이를 알아
보는 사람이 드물 뿐이다.

(바) ⑹⑼자연에 ⑺⓪화답하는 ⑺⑴안락한 老年.

(사) ⑺⑵계산에는 능하나 ⑺⑶공공의 안녕이나
질서를 모른 척 하는 공무원.

[問 74-78] 다음의 訓과 音을 가진 漢字를 쓰세요.

보기   읽을 독 → [讀]

74. 짧을 단 : [   ]
75. 재주 술 : [   ]
76. 어제 작 : [   ]
77. 푸를 청 : [   ]
78. 효도 효 : [   ]

[問 79-81] 다음 漢字와 뜻이 같거나 비슷한 漢字
를 〈보기〉에서 찾아, 그 번호를 쓰세요.

보기   ① 老 ② 圖 ③ 道 ④ 朴
        ⑤ 急 ⑥ 基 ⑦ 遠 ⑧ 路

79. 永[   ]한 진리
80. 質[   ]한 시골 사람
81. [   ]畫 연필

[問 82-84] 다음 [　]안에 뜻이 반대 또는 상대되는 글자를 〈보기〉에서 찾아, 자주 쓰이는 단어가 되게 그 번호를 쓰세요.

보기	① 里 ② 惡 ③ 少 ④ 北
	⑤ 祖 ⑥ 弟 ⑦ 朝 ⑧ 利

82. [　]夕으로 만났다.
83. 老[　]가 함께 즐기다.
84. 우애 깊은 兄[　]

[問 85-86] 다음 [　]에 알맞은 漢字를 〈보기〉에서 찾아 그 번호를 적어, 자주 쓰이는 단어를 만드세요.

보기	① 大　② 小　③ 線
	④ 仙　⑤ 近　⑥ 淸

85. [　]明한 가을 날씨
86. 直[　]을 긋다.

[問 87-88] 다음 漢字語의 뜻을 간단히 풀이하세요.

87. 小門 : [　　　　　　　　]
88. 室內 : [　　　　　　　　]

[問 89-91] 다음의 뜻을 가진 同音語를 〈보기〉에서 찾아 그 번호를 쓰세요.

보기	① 明命　② 化合　③ 不足　④ 前古
	⑤ 明明　⑥ 電球　⑦ 火藥　⑧ 傳告

89. 戰區 - [　] : 전류를 통하여 빛을 내는 기구
90. 命名 - [　] : 아주 환하게 밝음
91. 部族 - [　] : 모자람

[問 92-94] 다음 [　] 안에 알맞은 글자를 〈보기〉에서 찾아 넣어 四字成語를 완성하세요.

보기	① 等 ② 登 ③ 今 ④ 金
	⑤ 夏 ⑥ 別 ⑦ 川 ⑧ 千

92. 男女有[별] : 남녀의 사이에는 분별이 있음.
93. [금]石文字 : 종이나 비석 등에 새겨진 글자
94. 山[천]草木 : 산천과 초목, 자연

[問 95-97] 다음 漢字의 略字(약자:획수를 줄인 漢字)를 쓰세요.

보기	學 → 学

95. 體 [　　　]
96. 會 [　　　]
97. 區 [　　　]

[問 98-100] 다음 漢字의 진하게 표시한 획은 몇 번째 쓰는지 〈보기〉에서 찾아 그 번호를 쓰세요.

보기	① 첫 번째　② 두 번째
	③ 세 번째　④ 네 번째
	⑤ 다섯 번째　⑥ 여섯 번째
	⑦ 일곱 번째　⑧ 여덟 번째
	⑨ 아홉 번째　⑩ 열 번째

(98) 旗　　　　[　]

(99) 外　　　　[　]

(100) 空　　　　[　]

예상문제 정답

제1회 예상문제

1.견문 2.형식 3.공로 4.전기 5.학력 6.감정 7.인류 8.대망 9.양복 10.지능 11.조절 12.참견 13.이전 14.친구 15.상점 16.명랑 17.절전 18.실망 19.임의 20.기온 21.이해 22.내주 23.당연 24.성능 25.당시 26.시속 27.참석 28.단체 29.덕성 30.산고 31.효용 32.사설 33.재물 34.숙소 35.주야 36.씨 종 37.말미암을 유 38.공 구 39.법 전 40.참여할 참 41.손자 손 42.채울 충 43.아이 아 44.재주 술 45.결단할 결 46.법식 례 47.향할 향 48.집 당 49.붙을 착 50.종이 지 51.멀 원 52.노래 가 53.이를 도 54.바랄 망 55.문 문 56.고울 선 57.한가지 공 58.으뜸 원 59.明堂 60.社會 61.前年 62.和色 63.放生 64.地圖 65.萬全 66.平等 67.家庭 68.數千 69.神童 70.注文 71.場所 72.不足 73.天地 74.社 75.紙 76.才 77.偉 78.室 79.⑥使 80.③學 81.①內 82.⑥急 83.②度 84.⑤體 85.①童話 86.⑧全部 87.⑥食水 88.③宅 89.④物 90.빛을 냄 91.늙어서 기운이 쇠약함 92.②成市 93.⑧美人 94.①敬天 95.万 96.発 97.楽 98.① 99.⑤ 100.⑧

제2회 예상문제

1.합당 2.동숙 3.병고 4.원로 5.독립 6.기지 7.구색 8.만번 9.과외 10.집약 11.흉계 12.다행 13.형질 14.합계 15.신식 16.상품 17.공단 18.원양 19.면식 20.단속 21.자유 22.변통 23.근래 24.면목 25.전언 26.교류 27.수석 28.선착 29.실상 30.승산 31.다복 32.덕망 33.필연 34.착실 35.주번 36.은 은 37.고을 주 38.맡을 임 39.꽃부리 영 40.맺을 약 41.다행 행 42.마땅할 당 43.씻을 세 44.터 기 45.붓 필 46.죽을 사 47.큰 덕 48.클 위 49.이를 도 50.열 개 51.빠를 속 52.푸를 청 53.신선 선 54.익힐 습 55.공부할 과, 과정 과 56.받들 봉 57.과녁 적 58.결단할 경 59.童話 60.業主 61.老弱 62.圖表 63.植物 64.作家 65.校歌 66.正直 67.所聞 68.一家 69.氣色 70.發光 71.勇氣 72.統一 73.百年 74.青 75.歌 76.高 77.然 78.第 79.④行 80.⑤答 81.⑧北 82.①遠 83.⑧洋 84.⑥化 85.③高級 86.④同心 87.⑦功力 88.①任 89.③偉 90.학교에 적을 둠 91.집안 어른이 자손들에게 주는 교훈 92.③長生 93.⑥在天 94.⑦相長 95.来 96.会 97.战 98.⑦ 99.⑦ 100.④

제3회 예상문제

1.결행 2.객기 3.품성 4.야외 5.졸병 6.이념 7.표구 8.순풍 9.참관 10.독학 11.착수 12.재질 13.실격 14.경례 15.염두 16.승리 17.속도 18.실감 19.산물 20.상호 21.재단 22.불구 23.약수 24.법전 25.절친 26.군복 27.우기 28.석유 29.형국 30.결속 31.식별 32.해악 33.경애 34.온화 35.전운 36.맺을 약 37.지날 력 38.장사 상 39.반드시 필 40.뜰 정 41.낮 주 42.터 기 43.참여할 참 44.해 세 45.묶을 속 46.기름 유 47.차례 제 48.아이 아 49.변할 변 50.남녘 남 51.오를 등 52.들 야 53.나눌 반 54.농사 농 55.글 장 56.나그네 려 57.고을 읍 58.물건 품 59.手話 60.成長 61.東方 62.共用 63.父子 64.祖母 65.外界 66.身分 67.各界 68.勇氣 69.老弱 70.日記 71.花草 72.班長 73.自省 74.休 75.急 76.消 77.孝 78.新 79.④活 80.③心 81.②夏 82.①服 83.⑤識 84.③等 85.⑤代金 86.⑦事業 87.①自省 88.②質 89.⑥産 90.유쾌하고 쾌할 함 91.기름값 92.①一日 93.⑤同色 94.⑥三日 95.気 96.図 97.数 98.③ 99.① 100.⑥

제4회 예상문제

1.능동 2.만능 3.책임 4.단지 5.견습 6.소설 7.실효 8.실리 9.어조 10.객관 11.기류 12.국부 13.결승 14.원조 15.구속 16.미음 17.구별 18.객실 19.금번 20.출석 21.작품 22.정분 23.조회 24.교육 25.도장 26.신봉 27.식순 28.국지 29.약국 30.설명 31.종족 32.과반 33.낙원 34.약속 35.근본 36.요긴할 요 37.귀신 신 38.글 서 39.순할 순 40.벗 우 41.창 창 42.이길 승 43.주일 주 44.해할 해 45.과녁 적 46.받들 봉 47.은 은 48.값 가 49.판 국 50.예 구 51.공부할과, 과정 과 52.둥글 단 53.쓸 고 54.주일 주 55.나타날 현 56.번개 전 57.물 륙 58.펼 전 59.成功 60.信用 61.天才 62.人心 63.上空 64.有名 65.窓門 66.江村 67.親族 68.正門 69.分校 70.集中 71.外國 72.軍歌 73.不便 74.堂 75.會 76.直 77.洞 78.活 79.①西 80.⑦後 81.④入 82.⑤練 83.④家 84.③等 85.⑤世子 86.⑥圖形 87.⑦電氣 88.②展 89.①知 90.재주와 덕행 91.성질이 음흉하고 악함 92.⑧生心 93.⑦清風 94.⑥良藥 95.読 96.薬 97.対 98.③ 99.⑤ 100.④

제5회 예상문제

1.약효 2.속도 3.육로 4.작정 5.특별 6.객지 7.번지 8.사실 9.지식 10.유속 11.체급 12.결국 13.역사 14.강촌 15.신참 16.생선 17.절실 18.공구 19.정원 20.근방 21.효력 22.품절 23.군내 24.변동 25.전개 26.용사 27.영원 28.사실 29.교통 30.우애 31.사기 32.해류 33.친절 34.복리 35.문장 36.들야 37.일만 만 38.가게 점 39.서울 경 40.클 위 41.동산 원 42.홀로 독 43.흉할 흉 44.말씀 설 45.이름 호 46.붓 필 47.해 세 48.본받을 효 49.넓을 광 50.귀신 신 51.사이 간 52.말미암을 유 53.익힐 습 54.하여금 사, 부릴 사 55.써 이 56.씻을 세 57.순할 순 58.묶을 속 59.圖面 60.消火 61.計算 62.數學 63.集會 64.始球 65.外家 66.住民 67.身體 68.食後 69.氣力 70.手術 71.器具 72.代表 73.植木日 74.全 75.敬 76.草 77.每 78.飮 79.⑧女 80.⑦海 81.⑤兄 82.②童 83.⑧部 84.⑦間 85.⑤不足 86.③同時 87.②火藥 88.⑥海 89.⑤油 90.바라는 희망 91.어제와 오늘 92.①同樂 93.②三間 94.④自在 95.体 96.学 97.図 98.③ 99.④ 100.⑧

제6회 예상문제

1.객차 2.의복 3.변덕 4.산아 5.적중 6.구습 7.방류 8.교양 9.아동 10.사신 11.식자 12.신록 13.요망 14.변신 15.택지 16.요약 17.충족 18.불참 19.중책 20.성향 21.지기 22.친족 23.덕업 24.시조 25.약품 26.역임 27.풍화 28.공개 29.과로 30.하숙 31.특급 32.상업 33.착용 34.악성 35.사용 36.받들 봉 37.이길 승 38.고을 군 39.가까울 근 40.결단할 결 41.있을 유 42.떼 부 43.짧을 단 44.여름 하 45.붓 필 46.각각 각 47.볼 관 48.모을 집 49.마실 음 50.꽃부리 영 51.심을 식 52.구름 운 53.뜰 정 54.관계할 관 55.뿔 각 56.잃을 실 57.과녁 적 58.날랠 용 59.平日 60.集中 61.明年 62.運動 63.春秋 64.國旗 65.農夫 66.世界 67.發明 68.放出 69.少年 70.消化 71.住民 72.電子 73.靑年 74.現 75.聞 76.邑 77.堂 78.業 79.①弱 80.⑥下 81.⑤害. 82.⑥別 83.③着 84.①客 85.⑦共有 86.⑧新藥 87.①電球 88.⑤觀 89.④度 90.훌륭한 업적 91.특별한 성질 92.④特別 93.⑤合一 94.⑥生老 95.会 96.対 97.万 98.③ 99.⑤ 100.⑦

제7회 예상문제

1.악장 2.등급 3.과식 4.태양 5.세필 6.운집 7.방과 8.신념 9.발전 10.애국 11.기호 12.매주 13.재산 14.상대 15.임야 16.졸자 17.사교 18.당번 19.유용 20.체격 21.망원 22.풍속 23.의향 24.책망 25.대국 26.품질 27.병력 28.친분 29.부족 30.원수 31.결사 32.병약 33.과실 34.관객 35.각질 36.아이 아 37.종이 지 38.무리 등 39.큰바다 양 40.공 공 41.모양 형 42.손자 손 43.지경 계 44.의원 의 45.나눌 반 46.온전 전 47.받들 봉 48.오를 등 49.뿌리 근 50.기를 양 51.채울 충 52.둥글 단 53.글 장 54.잘 숙 55.예 구 56.다스릴 리 57.급할 급 58.비로소 시 59.成功 60.空氣 61.作動 62.問題 63.注文 64.便安 65.內外 66.登校 67.休日 68.出發 69.運動 70.書信 71.現金 72.人氣 73.平和 74.短 75.村 76.直 77.植 78.注 79.④樂 80.⑧合 81.①今 82.⑤話 83.④理 84.⑧實 85.⑦始球 86.⑤對話 87.④戰功 88.②活 89.①園 90.옛날부터 내려오는 낡은 풍습 91.안부나 소식 92.①知十 93.⑤百中 94.③傳心 95.国 96.战 97.亩 98.③ 99.④ 100.⑦

제8회 예상문제

1.필답 2.광장 3.부류 4.흉물 5.과신 6.참견 7.양지 8.순번 9.성질 10.감정 11.기금 12.강요 13.야사 14.미적 15.절개 16.품행 17.광고 18.선로 19.덕분 20.급우 21.세면 22.산모 23.온도 24.교신 25.복용 26.온실 27.소화 28.급속 29.행복 30.안착 31.공통 32.재택 33.합격 34.집결 35.광야 36.마칠 졸 37.해할 해 38.손 객 39.푸를 록 40.반 반 41.병 병 42.능할 능 43.넓을 광 44.사귈 교 45.관계할 관 46.일할 로 47.터 기 48.익힐 련 49.의원 의 50.생각 념 51.마땅 당 52.고울 선 53.쉴 휴 54.손자 손 55.이할 리 56.사기 사 57.맡을 임 58.들을 문 59.休日 60.放學 61.住民 62.敎室 63.食口 64.室內 65.生母 66.農土 67.和答 68.問題 69.間食 70.市場 71.面前 72.校庭 73.安心 74.昨 75.幸 76.雪 77.電 78.等 79.③學 80.⑤地 81.①今 82.⑦代 83.②告 84.①任 85.⑧下旗 86.①今夕 87.③長音 88.①度 89.④席 90.끝에 이르러 91.물건이 다 팔리고 없음 92.⑦成家 93.②東風 94.①身土 95.読 96.来 97.体 98.② 99.⑤ 100.⑥

제9회 예상문제

1.재래 2.공덕 3.졸업 4.순조 5.양식 6.과목 7.양육 8.결과 9.도서 10.필요 11.운해 12.격조 13.신복 14.계획 15.감동 16.절전 17.숙식 18.절약 19.유입 20.한복 21.선명 22.근해 23.급류 24.실지 25.연세 26.기승 27.체감 28.효행 29.화법 30.당장 31.종류 32.노고 33.과수 34.상통 35.양은 36.익힐 련 37.어제 작 38.누를 황 39.마칠 졸 40.매양 매 41.곧을 직 42.잘 숙 43.등급 급 44.아이 아 45.심을 식 46.고을 읍 47.겉 표 48.될 화 49.살필 성 50.씻을 세 51.비 우 52.기를 육 53.맑을 청 54.넓을 광 55.펼 전 56.고을 주 57.신하 신 58.사라질 소 59.平安 60.對面 61.時間 62.地方 63.實習 64.孝心 65.午前 66.自動 67.出發 68.世界 69.農樂 70.幸運 71.庭球 72.室長 73.意外 74.形 75.角 76.集 77.省 78.第 79.⑥少 80.⑤外 81.③主 82.①卒 83.⑧道 84.⑥樹 85.⑧告知 86.⑤重大 87.④畵間 88.①樂 89.⑥陽 90.보고 익힘 91.모든 일을 다 잘함 92.⑥正大 93.⑧石火 94.⑦事業 95.発 96.会 97.対 98.⑤ 99.⑤ 100④.

제10회 예상문제

1.착륙 2.방임 3.원금 4.석유 5.금언 6.전승 7.군사 8.법당 9.여로 10.고발 11.분류 12.관념 13.유통 14.과다 15.공원 16.여행 17.전화 18.숙직 19.연습 20.전례 21.부당 22.요식 23.관문 24.전래 25.서점 26.위대 27.특가 28.미술 29.명필 30.주택 31.품격 32.기조 33.내륙 34.여객 35.독자 36.지날 과 37.밝을 랑 38.홀로 독 39.손자 손 40.장사 상 41.가까울 근 42.길 영 43.각각 각 44.큰 덕 45.나무 수 46.마실 음 47.열 개 48.손 객 49.구름 운 50.줄 선 51.창 창 52.둥글 단 53.관계할 관 54.낳을 산 55.날랠 용 56.약 약 57.기름 유 58.클 위 59.草木 60.正直 61.住宅 62.對立 63.有利 64.旗手 65.成功 66.書堂 67.風車 68.東南 69.作心 70.祖上 71.農業 72.明分 73.生前 74.育 75.孝 76.神 77.班 78.全 79.⑧夕 80.①着 81.④生 82.⑥團 83.⑦性 84.④和 85.①弟子 86.④白花 87.⑧過用 88.⑤禮 89.③窓 90.배가 가는 방향으로 부는 바람 91.구름이 덮힌 바다 92.③一夕 93.⑦各色 94.⑧野生 95.亩 96.国 97.発 98.⑥ 99.④ 100.⑤

제11회 예상문제

1.악재 2.영특 3.작별 4.전사 5.실질 6.위업 7.약재 8.목전 9.경의 10.낙원 11.산실 12.병사 13.특성 14.과실 15.의견 16.대가 17.다정 18.노동 19.양식 20.사각 21.고도 22.악용 23.고전 24.통신 25.세례 26.종자 27.표정 28.근자 29.일과 30.이북 31.구식 32.변절 33.선임 34.중요 35.구호 36.번개 전 37.이름 호 38.무리 등 39.악할 악 40.묶을 속 41.오를 등 42.해 세 43.공경할 경 44.벗 우 45.채울 충 46.격식 격 47.뜰 정 48.나타날 현 49.눈 설 50.꽃부리 영 51.빠를 속 52.필 발 53.벗 우 54.법식 례 55.골 동, 밝을 통 56.약할 약 57.말씀 설 58.사라질 소 59.運數 60.大氣 61.太陽 62.話術 63.公用 64.消火 65.海風 66.山林 67.自然 68.有名 69.高祖 70.住所 71.手足 72.弟子 73.後方 74.活 75.場 76.集 77.線 78.電 79.⑥新 80.④功 81.③短 82.⑥育 83.⑤意 84.②郡 85.⑤校庭 86.②大海 87.⑥外食 88.②飮 89.⑤利 90.제일 으뜸 91.먼저 도착함 92.②直告 93.⑤民族 94.⑥反對 95.対 96.藥 97.战 98.⑤ 99.⑧ 100.⑤

제12회 예상문제

1.자책 2.개발 3.독특 4.기본 5.필사 6.개방 7.교훈 8.변형 9.결정 10.효능 11.품종 12.재학 13.세련 14.현재 15.유래 16.이문 17.온정 18.기념 19.금주 20.절감 21.도래 22.가훈 23.낭독 24.동향 25.신화 26.유가 27.요소 28.순리 29.조합 30.식견 31.결성 32.합의 33.숙제 34.국장 35.조화 36.넓을 광 37.익힐 련 38.클 태 39.씨 종 40.섬길 사 41.창 창 42.능할 능 43.흥할 흥 44.홀로 독 45.곧을 직 46.어질 량 47.은 은 48.심을 식 49.마을 촌 50.능할 능 51.뜰 정 52.아름다울 미 53.지날 력 54.푸를 록 55.기름 유 56.들 야 57.날랠 용 58.짧을 단 59.山林 60.後半 61.家長 62.發表 63.會社 64.公共 65.命中 66.方面 67.時間 68.海軍 69.自動 70.窓門 71.直角 72.國立 73.人物 74.育 75.表 76.答 77.空 78.物 79.⑥戰 80.⑦王 81.①少 82.③等 83.⑥年 84.①郡 85.③天幸 86.⑥消火 87.④千里 88.③祖 89.①球 90.전기를 아껴 씀 91.낮과 밤 92.⑧八九 93.④成說 94.⑥動物 95.国 96.気 97.体 98.② 99.⑤ 100.③

제13회 예상문제

1.산유 2.변질 3.단결 4.가격 5.후손 6.봉양 7.관광 8.휴양 9.상관 10.병해 11.근성 12.필승 13.도로 14.원시 15.유행 16.임명 17.관상 18.신선 19.재능 20.법도 21.우의 22.질적 23.병졸 24.상술 25.소감 26.봉사 27.경로 28.풍습 29.졸업 30.우정 31.애정 32.재덕 33.능통 34.원로 35.생활 36.종이 지 37.쉴 휴 38.이를 도 39.모일 사 40.기다릴 대 41.참여할 참 42.날랠 용 43.나눌 반 44.가까울 근 45.고울 선 46.아침 조 47.사랑 애 48.고를 조 49.꾸짖을 책 50.그림 화, 그을 획 51.클 위 52.집 당 53.공 구 54.고을 읍 55.통할 통 56.누를 황 57.형상 형 58.공부할 과, 과정 과 59.每月 60.東西 61.北門 62.急電 63.形成 64.休校 65.空間 66.風聞 67.高手 68.出入 69.入國 70.少數 71.兄弟 72.正直 73.身長 74.科 75.命 76.勇 77.農 78.弱 79.①今 80.⑥分 81.⑧生 82.④典 83.②首 84.⑦本 85.⑥作動 86.⑤開始 87.②前代 88.③明 89.⑥便 90.같은 곳에서 함께 잠 91.나이가 적은 아이 92.⑤月夕 93.⑧一生 94.⑥子傳 95.吉 96.発 97.万 98.⑦ 99.⑤ 100.④

기출·예상문제 정답

제1회 기출·예상문제

1.선로 2.봉사 3.다산 4.의견 5.행복 6.합격 7.광고 8.졸업 9.설야 10.품목 11.온정 12.애착 13.여행 14.친구 15.급류 16.변화 17.필요 18.세계 19.전망 20.과실 21.참관 22.지성 23.역사 24.사설 25.법적 26.속도 27.독특 28.충전 29.강조 30.방과 31.당번 32.신념 33.고택 34.실리 35.절약 36.결단할 결 37.물 류 38.본받을 효 39.으뜸 원 40.공경 경 41.사라질 소 42.값 가 43.어질 량 44.이를 도 45.큰 덕 46.밝을 랑 47.붓 필 48.씨 종 49.클 위 50.묶을 속 51.해 세 52.관계할 관 53.구름 운 54.해할 해 55.끊을 절, 온통 체 56.판 국 57.잘 숙, 별자리 수 58.몸 기 59.飮食 60.集成 61.今年 62.等數 63.計算 64.心身 65.登山 66.花草 67.出口 68.始作 69.正直 70.人道 71.平和 72.休日 73.圖書 74.角 75.形 76.半 77.才 78.果 79.生 80.夕 81.問 82.⑦淸 83.⑥美 84.③苦 85.④別 86.②靑 87.①式 88.⑤習 89.代理 90.電算 91.共同 92.벗을 사귐 93.엄히 꾸짖음, 중대한 책임 94.손님의 자리 95.発 96.战/戰 97.会 98.③ 99.⑤ 100.⑦

제2회 기출·예상문제

1.기조 2.원시 3.특사 4.구습 5.상관 6.군복 7.낭독 8.분류 9.숙제 10.종족 11.이해 12.주택 13.덕업 14.내주 15.식순 16.흉악 17.면식 18.착색 19.국지 20.내통 21.독학 22.육로 23.단속 24.여행 25.다행 26.야외 27.우의 28.약재 29.이전 30.실질 31.구현 32.절개 33.역사 34.가격 35.매번 36.날랠 용 37.법 법 38.기다릴 대 39.자리 석 40.은 은 41.그림 화, 그을 획 42.누를 황 43.신하 신 44.반드시 필 45.기름 유 46.이름 호 47.붓 필 48.봄 춘 49.급할 급 50.수레 거, 수레 차 51.겉 표 52.학교 교 53.왼 좌 54.변할 변 55.날 출 56.의원 의 57.돌 석 58.법 전 59.活, 生 60.功 61.樂 62.⑧工 63.④立 64.①身 65.⑦靑 66.①愛 67.⑤生 68.③術 69.發電 70.全圖 71.大計 72.돌 보거나 간섭하지 않고 내버려 둠 73.빠르기가 같음 74.충분하게 채움 75.战 76.会 77.体 78.公算 79.信用 80.市民 81.食口 82.敎育 83.草木 84.家庭 85.記事 86.各者 87.集中 88.少數 89.光明 90.運動 91.所重 92.直線 93.植物 94.名作 95.童話 96.空白 97.風聞 98.⑦ 99.④ 100.⑤

제3회 기출·예상문제

1.운행 2.활동 3.운집 4.창문 5.재물 6.각도 7.전력 8.급변 9.지식 10.세월 11.교양 12.기자 13.효도 14.감정 15.관심 16.봉사 17.소유 18.자책 19.관념 20.청춘 21.체질 22.화합 23.역사 24.다복 25.기수 26.녹색 27.천하 28.신약 29.서해 30.공공 31.약속 32.형제 33.전설 34.야망 35.가격 36.집 당 37.머리 두 38.종이 지 39.무거울 중 40.열매 실 41.씻을 세 42.동산 원 43.일할 로 44.펼 전 45.길 영 46.아 름다울 미 47.가을 추 48.사랑 애 49.집 택 50.낮 주 51.누를 황 52.마디 촌 53.마을 촌 54.임금/주인 주 55.내 천 56.신하 신 57.선비 사 58.볼 견, 뵈올 현 59.先生 60.童話 61.光明 62.反省 63.家電 64.身長 65.千金 66.登山 67.表現 68.父母 69.人命 70.學問 71.空中 72.農事 73.平安 74.幸 75.便 76.場 77.果 78.聞 79.③半 80.②語 81.④足 82.⑥團結 83.②同苦 84.④雨順 85.①成市 86.⑤類 87.①着 88.②習 89.②結社 90.②新鮮 91.①功過 92.①發效 93.⑤植樹 94.③宿食 95.気 96.体 97.会 98.⑥ 99.⑤ 100.③

제4회 기출·예상문제

1.합법 2.신하 3.행복 4.가격 5.졸업식 6.읍내 7.주택 8.감정 9.영원 10.화필 11.충실 12.조화 13.야망 14.우중 15.은행 16.전개 17.기본 18.필승 19.백운 20.양복점 21.의술 22.통화 23.절약 24.원조 25.방학 26.흉물 27.정품 28.순풍 29.지성 30.관광 31.특효 32.당연 33.역 사 34.결과 35.참석 36.맡길 임 37.아이 아 38.서로 상 39.물 류 40.해할 해 41.이를 도 42.받들 봉 43.과녁 적 44.바탕 질 45.해 세 46.몸 기 47.묶을 속 48.차례 번 49.예 구 50.신선 선 51.선비 사 52.주일 주 53.겨레 족 54.클 태 55.써 이 56.전할 전 57.병사 병 58.고을 주 59.③客 60.⑦夜 61.⑤朝 62.③良 63.⑤敬 64.①成 65.⑧才 66.⑤共 67.①話 68.⑥養 69.球場 70.戰力 71.消火 72.속도를 변 경함 73.나무의 종류나 씨 74.쌀장사, 쌀장수 75.体 76.来 77.藥 78.信用 79.勇氣 80.昨年 81.家庭 82.注文 83.名作 84.車窓 85.飮食 86.植木 87.花草 88.始動 89.計算 90.部分 91.發明 92.反對 93.社運 94.所聞 95.音樂 96.神童 97.地圖 98.④ 99.⑦ 100.③

제5회 기출·예상문제

1.수상 2.읍장 3.공약 4.전개 5.우정 6.위인 7.연습 8.과로 9.식별 10.상점 11.독특 12.신선 13.병사 14.재산 15.단합 16.숙제 17.책임 18.요망 19.친절 20.목례 21.통관 22.운해 23.변질 24.관념 25.가격 26.광주 27.구색 28.봉사 29.주번 30.입석 31.전설 32.법도 33.해악 34.객주 35.조화 36.붓 필 37.터 기 38.반드시 필 39.밝을 랑 40.큰 덕 41.아이 아 42.고울 선 43.법 전 44.신하 신 45.고할 고 46.흐를 류 47.붙을 착 48.집 택 49.판 국 50.물 류 51.채울 충 52.과녁 적 53.복 복 54.해 세 55.마칠 졸 56.푸를 록 57.써 이 58.몸 기 59.戰線 60.紙面 61.短身 62.今 63.新 64.弱 65.⑥天愛 66.③作用 67.⑦多才 68.①良藥 69.④物 70.⑥育 71.③圖 72.農業 73.飮食 74.計算 75.敎 科書 76.有利 77.白雪 78.集中 79.勇氣 80.所聞 81.運動場 82.世界 83.現金 84.反省 85.家庭 86.三角形 87.音樂 88.分校 89.發明王 90.成功 91.全部 92.먼 곳과 가까운 곳 93.비가 올때 젖지 않게 하는 옷 94.차를 씻음 95.体 96.読 97.対 98.⑦ 99.④ 100.④

제6회 기출 · 예상문제

1.정당 2.휴학 3.감정 4.청산 5.두각 6.지식 7.성공 8.질문 9.신용 10.조절 11.등산 12.도구 13.농업 14.봉사 15.청사 16.산고 17.교가 18.사기 19.해악 20.표현 21.객관 22.영원 23.남녀 24.수목 25.가격 26.사변 27.만복 28.다행 29.민족 30.실효적 31.수석 32.가례 33.택지 34.교양 35.인품 36.펼 전 37.써 이 38.아우 제 39.곤을 직 40.마디 촌 41.있을 재 42.익힐 습 43.으뜸 원 44.눈 설 45.씻을 세 46.글 장 47.누를 황 48.어제 작 49.무거울 중 50.올 래 51.마실 음 52.심을 식 53.나눌 분 54.클 태 55.바다 해 56.날 출 57.볼 견, 뵈올 현 58.열 개 59.始球 60.童話 61.代理 62.發生 63.天上 64.戰場 65.作心 66.洞里 67.孝子 68.風聞 69.運命 70.便利 71.春秋 72.公共 73.電力 74.形 75.先 76.住 77.短 78.集 79.活 80.祖 81.弱 82.①老 83.⑤省 84.⑦綠 85.③藥 86.④典 87.①自 88.②束 89.①前科 90.③有數 91.⑤新鮮 92.⑤立身 93.①一切 94.③相反 95.読 96.数 97.会 98.② 99.⑥ 100.⑤

제7회 기출 · 예상문제

1.체육 2.참전 3.부족 4.녹색 5.의식 6.효도 7.민족 8.소유 9.관광 10.강병 11.중심 12.농업 13.소식 14.가정 15.태양 16.신문 17.연습 18.아동 19.행운 20.속도 21.실용 22.책임 23.여순 24.사신 25.교실 26.결속 27.재물 28.미덕 29.필요 30.학교 31.명랑 32.자기 33.만복 34.위인 35.반성 36.뒤 후 37.해할 해 38.그림 화 39.모을 집 40.지날 력 41.재주 술 42.노래 가 43.바랄 망 44.해 세 45.낮 주 46.동산 원 47.무거울 중 48.봄 춘 49.아침 조 50.지날 과 51.기다릴 대 52.심을 식 53.법 전 54.예 구 55.고울 선 56.나무 수 57.변할 변 58.그림 도, 그을 획 59.③惡 60.①知 61.⑤海 62.②短 63.⑥靑 64.⑦奉 65.④情 66.④說 67.⑥着 68.②度 69.火藥 70.電氣 71.始祖 72.넓은 마당(빈 터) 73.강가에 있는 마을 74.늙은이, 젊은이(를 아우르는 말) 75.会 76.数 77.対 78.空間 79.風雪 80.書信 81.來日 82.三角 83.出世 84.天才 85.左右 86.命名 87.窓門 88.計算 89.草木 90.父母 91.平安 92.弟子 93.表現 94.白面 95.形便 96.代身 97.前科 98.⑤ 99.⑦ 100.⑤

제8회 기출 · 예상문제

1.사기 2.군졸 3.자신 4.농민 5.전망 6.이해 7.책임 8.상하 9.선후 10.분별 11.품격 12.예절 13.봉사 14.시대 15.친구 16.언행 17.신실 18.해양 19.식물 20.육지 21.공중 22.생명 23.소중 24.양서 25.단체 26.활동 27.참관 28.명랑 29.독립 30.조화 31.식사 32.훈련 33.아동 34.양육 35.부모 36.장사 상 37.옷 복 38.쌀 미 39.일할 로 40.마땅할 당 41.생각 념 42.맺을 결 43.군사 병 44.묶을 속 45.벗 우 46.재물 재 47.채울 충 48.그림 화, 그을 획 49.눈 목 50.나눌 반 51.잘 숙 52.비 우 53.반드시 필 54.본받을 효 55.붓 필 56.내 천 57.뜻 정 58.구름 운 59.圖表 60.作用 61.林間 62.淸風 63.孝道 64.子女 65.家庭 66.花草 67.靑春 68.對話 69.今年 70.東南 71.直線 72.雪山 73.兄弟 74.新 75.飮 76.休 77.省 78.理 79.⑧强 80.⑤畫 81.③答 82.⑤安 83.④到 84.⑧根 85.⑤害 86.①病 87.옛날에 지은 집 88.주인과 손(손님) 89.④傳告 90.⑦命名 91.⑧電球 92.⑤姓 93.⑧光 94.③方 95.發 96.数 97.国 98.⑤ 99.④ 100.⑧

제9회 기출 · 예상문제

1.이념 2.결속 3.상점 4.가격 5.수목 6.종류 7.초본 8.식물 9.부모 10.자손 11.양육 12.가산 13.노년 14.역사 15.언행 16.작금 17.시대 18.변화 19.야구 20.관전 21.예절 22.상대방 23.상하 24.선후 25.분별 26.출발 27.지식인 28.도덕성 29.책임감 30.필요 31.당국 32.집계 33.농지 34.유실 35.수해 36.클 위 37.말미암을 유 38.클 태 39.왼 좌 40.벗 우 41.들 야 42.뭍 륙 43.공경 경 44.열매 실 45.효도 효 46.노래 가 47.받들 봉 48.글 장 49.어질 량 50.공평할 공 51.나그네 려 52.둥글 단 53.살필 성, 덜 생 54.의원 의 55.채울 충 56.기름 유 57.따뜻할 온 58.섬길 사 59.外部 60.表現 61.萬里 62.雪風 63.算數 64.自然 65.音樂 66.南北 67.平化 68.氣運 69.山林 70.所重 71.飮食 72.室內 73.便安 74.洞 75.每 76.夫 77.始 78.勇 79.⑤話 80.②身 81.⑧速 82.⑦遠 83.②死 84.⑤新 85.⑤幸 86.③庭 87.바라고 기다림 88.아침과 저녁 89.②不足 90.⑥命名 91.④前古 92.③休 93.⑧電 94.⑤秋 95.図 96.会 97.体 98.⑥ 99.⑤ 100.⑨

제10회 기출 · 예상문제

1.행복 2.소유 3.재물 4.주택 5.가정 6.교육 7.출발 8.도착 9.아동 10.대화 11.예절 12.필요 13.친구 14.교우 15.노년 16.해양 17.육지 18.수목 19.세상 20.만사 21.시작 22.품격 23.사용 24.결심 25.국면 26.다수 27.순리 28.학업 29.운동 30.결과 31.형상 32.관망 33.음식 34.신체 35.양식 36.뿔 각 37.머리 두 38.겨울 동 39.들을 문 40.받들 봉 41.고울 선 42.믿을 신 43.밤 야 44.글 장 45.채울 충 46.겉 표 47.쉴 휴 48.통할 통 49.고를 조 50.펼 전 51.성품 성 52.관계할 관 53.생각 념 54.둥글 단 55.나그네 려 56.쌀 미 57.장사 상 58.구름 운 59.父母 60.姓名 61.校長 62.注意 63.手足 64.活氣 65.春秋 66.市場 67.天下 68.人才(人材) 69.自然 70.和答 71.安樂 72.計算 73.公共 74.短 75.術 76.昨 77.靑 78.孝 79.⑦遠 80.④朴 81.②圖 82.⑦朝 83.③少 84.⑥弟 85.⑥淸 86.③線 87.작은 문 88.방 안, 집 안 89.⑥電球 90.⑤明明 91.③不足 92.⑥別 93.④金 94.⑦川 95.体 96.会 97.区 98.⑦ 99.④ 100.⑧

※ 답안지는 컴퓨터로 처리되므로 구기거나 더럽히지 않도록 조심하시고 글씨를 칸 안에 정확히 쓰세요.

전국한자능력검정시험 5급Ⅱ 모의고사 답안지(2)

번호	답안란 정답	채점란 1검	2검	번호	답안란 정답	채점란 1검	2검	번호	답안란 정답	채점란 1검	2검
49				67				85			
50				68				86			
51				69				87			
52				70				88			
53				71				89			
54				72				90			
55				73				91			
56				74				92			
57				75				93			
58				76				94			
59				77				95			
60				78				96			
61				79				97			
62				80				98			
63				81				99			
64				82				100			
65				83							
66				84							

■ 사단법인 한국어문회·한국한자능력검정회

수험번호 ☐☐☐☐ - ☐☐ - ☐☐☐☐　　　성 명 ☐☐☐☐☐

주민등록번호 ☐☐☐☐☐☐ - ☐☐☐☐☐☐☐

※ 유성 사인펜, 붉은색 필기구 사용 불가.

※ 답안지는 컴퓨터로 처리되므로 구기거나 더럽히지 마시고, 정답 칸 안에만 쓰십시오.
　글씨가 채점란으로 들어오면 오답처리가 됩니다.

전국한자능력검정시험 5급Ⅱ 모의고사 답안지(1)

번호	답안란 정답	채점란 1검	2검	번호	답안란 정답	채점란 1검	2검	번호	답안란 정답	채점란 1검	2검
1				17				33			
2				18				34			
3				19				35			
4				20				36			
5				21				37			
6				22				38			
7				23				39			
8				24				40			
9				25				41			
10				26				42			
11				27				43			
12				28				44			
13				29				45			
14				30				46			
15				31				47			
16				32				48			

감독위원	채점위원(1)		채점위원(2)		채점위원(3)	
(서명)	(득점)	(서명)	(득점)	(서명)	(득점)	(서명)

※ 뒷면으로 이어짐 ↓

※ 답안지는 컴퓨터로 처리되므로 구기거나 더럽히지 않도록 조심하시고 글씨를 칸 안에 정확히 쓰세요.

전국한자능력검정시험 5급Ⅱ 모의고사 답안지(2)

번호	정답	1검	2검	번호	정답	1검	2검	번호	정답	1검	2검
49				67				85			
50				68				86			
51				69				87			
52				70				88			
53				71				89			
54				72				90			
55				73				91			
56				74				92			
57				75				93			
58				76				94			
59				77				95			
60				78				96			
61				79				97			
62				80				98			
63				81				99			
64				82				100			
65				83							
66				84							

각 란의 제목: 답안란 / 채점란

수험번호 ☐☐☐☐ - ☐☐ - ☐☐☐☐ 성 명 ☐☐☐☐☐

주민등록번호 ☐☐☐☐☐☐ - ☐☐☐☐☐☐☐ ※ 유성 사인펜, 붉은색 필기구 사용 불가.

※ 답안지는 컴퓨터로 처리되므로 구기거나 더럽히지 마시고, 정답 칸 안에만 쓰십시오.
글씨가 채점란으로 들어오면 오답처리가 됩니다.

전국한자능력검정시험 5급Ⅱ 모의고사 답안지(1)

번호	답안란 정답	채점란 1검	2검	번호	답안란 정답	채점란 1검	2검	번호	답안란 정답	채점란 1검	2검
1				17				33			
2				18				34			
3				19				35			
4				20				36			
5				21				37			
6				22				38			
7				23				39			
8				24				40			
9				25				41			
10				26				42			
11				27				43			
12				28				44			
13				29				45			
14				30				46			
15				31				47			
16				32				48			

감독위원	채점위원(1)		채점위원(2)		채점위원(3)	
(서명)	(득점)	(서명)	(득점)	(서명)	(득점)	(서명)

※ 뒷면으로 이어짐 ↓

※ 답안지는 컴퓨터로 처리되므로 구기거나 더럽히지 않도록 조심하시고 글씨를 칸 안에 정확히 쓰세요.

전국한자능력검정시험 5급Ⅱ 모의고사 답안지(2)

답안란		채점란		답안란		채점란		답안란		채점란	
번호	정답	1검	2검	번호	정답	1검	2검	번호	정답	1검	2검
49				67				85			
50				68				86			
51				69				87			
52				70				88			
53				71				89			
54				72				90			
55				73				91			
56				74				92			
57				75				93			
58				76				94			
59				77				95			
60				78				96			
61				79				97			
62				80				98			
63				81				99			
64				82				100			
65				83							
66				84							

■ 사단법인 한국어문회·한국한자능력검정회

수험번호 □□□□ - □□ - □□□□   성 명 □□□□□

주민등록번호 □□□□□□ - □□□□□□□   ※ 유성 사인펜, 붉은색 필기구 사용 불가.

※ 답안지는 컴퓨터로 처리되므로 구기거나 더럽히지 마시고, 정답 칸 안에만 쓰십시오.
글씨가 채점란으로 들어오면 오답처리가 됩니다.

전국한자능력검정시험 5급Ⅱ 모의고사 답안지(1)

번호	답안란 정답	채점란 1검	2검	번호	답안란 정답	채점란 1검	2검	번호	답안란 정답	채점란 1검	2검
1				17				33			
2				18				34			
3				19				35			
4				20				36			
5				21				37			
6				22				38			
7				23				39			
8				24				40			
9				25				41			
10				26				42			
11				27				43			
12				28				44			
13				29				45			
14				30				46			
15				31				47			
16				32				48			

감독위원	채점위원(1)		채점위원(2)		채점위원(3)	
(서명)	(득점)	(서명)	(득점)	(서명)	(득점)	(서명)

※ 뒷면으로 이어짐 ↓■

※ 답안지는 컴퓨터로 처리되므로 구기거나 더럽히지 않도록 조심하시고 글씨를 칸 안에 정확히 쓰세요.

전국한자능력검정시험 5급Ⅱ 모의고사 답안지(2)

번호	정답	1검	2검	번호	정답	1검	2검	번호	정답	1검	2검
49				67				85			
50				68				86			
51				69				87			
52				70				88			
53				71				89			
54				72				90			
55				73				91			
56				74				92			
57				75				93			
58				76				94			
59				77				95			
60				78				96			
61				79				97			
62				80				98			
63				81				99			
64				82				100			
65				83							
66				84							

각 답안란 위 제목: 답안란 / 채점란 (1검, 2검)

수험번호 □□□□□ - □□ - □□□□   성 명 □□□□□

주민등록번호 □□□□□□ - □□□□□□□   ※ 유성 사인펜, 붉은색 필기구 사용 불가.

※ 답안지는 컴퓨터로 처리되므로 구기거나 더럽히지 마시고, 정답 칸 안에만 쓰십시오.
  글씨가 채점란으로 들어오면 오답처리가 됩니다.

전국한자능력검정시험 5급Ⅱ 모의고사 답안지(1)

번호	답안란 정답	채점란 1검	2검	번호	답안란 정답	채점란 1검	2검	번호	답안란 정답	채점란 1검	2검
1				17				33			
2				18				34			
3				19				35			
4				20				36			
5				21				37			
6				22				38			
7				23				39			
8				24				40			
9				25				41			
10				26				42			
11				27				43			
12				28				44			
13				29				45			
14				30				46			
15				31				47			
16				32				48			

감독위원	채점위원(1)		채점위원(2)		채점위원(3)	
(서명)	(득점)	(서명)	(득점)	(서명)	(득점)	(서명)

※ 뒷면으로 이어짐 ↓ ■

※ 답안지는 컴퓨터로 처리되므로 구기거나 더럽히지 않도록 조심하시고 글씨를 칸 안에 정확히 쓰세요.

전국한자능력검정시험 5급Ⅱ 모의고사 답안지(2)

번호	답안란 정답	채점란 1검	2검	번호	답안란 정답	채점란 1검	2검	번호	답안란 정답	채점란 1검	2검
49				67				85			
50				68				86			
51				69				87			
52				70				88			
53				71				89			
54				72				90			
55				73				91			
56				74				92			
57				75				93			
58				76				94			
59				77				95			
60				78				96			
61				79				97			
62				80				98			
63				81				99			
64				82				100			
65				83							
66				84							

■ 사단법인 한국어문회·한국한자능력검정회

| 수험번호 | □□□□ - □□ - □□□□ |
| 주민등록번호 | □□□□□□ - □□□□□□□ |

성 명 □□□□

※ 유성 사인펜, 붉은색 필기구 사용 불가.

※ 답안지는 컴퓨터로 처리되므로 구기거나 더럽히지 마시고, 정답 칸 안에만 쓰십시오.
　글씨가 채점란으로 들어오면 오답처리가 됩니다.

전국한자능력검정시험 5급 II 모의고사 답안지(1)

번호	답안란 정답	채점란 1검	2검	번호	답안란 정답	채점란 1검	2검	번호	답안란 정답	채점란 1검	2검
1				17				33			
2				18				34			
3				19				35			
4				20				36			
5				21				37			
6				22				38			
7				23				39			
8				24				40			
9				25				41			
10				26				42			
11				27				43			
12				28				44			
13				29				45			
14				30				46			
15				31				47			
16				32				48			

감독위원	채점위원(1)		채점위원(2)		채점위원(3)	
(서명)	(득점)	(서명)	(득점)	(서명)	(득점)	(서명)

※ 뒷면으로 이어짐 ↓

※ 답안지는 컴퓨터로 처리되므로 구기거나 더럽히지 않도록 조심하시고 글씨를 칸 안에 정확히 쓰세요.

전국한자능력검정시험 5급Ⅱ 모의고사 답안지(2)

번호	정답	1검	2검	번호	정답	1검	2검	번호	정답	1검	2검
	답안란	채점란			답안란	채점란			답안란	채점란	
49				67				85			
50				68				86			
51				69				87			
52				70				88			
53				71				89			
54				72				90			
55				73				91			
56				74				92			
57				75				93			
58				76				94			
59				77				95			
60				78				96			
61				79				97			
62				80				98			
63				81				99			
64				82				100			
65				83							
66				84							

사단법인 한국어문회·한국한자능력검정회

수험번호 ☐☐☐☐ - ☐☐ - ☐☐☐☐   성 명 ☐☐☐☐☐

주민등록번호 ☐☐☐☐☐☐ - ☐☐☐☐☐☐☐   ※ 유성 사인펜, 붉은색 필기구 사용 불가.

※ 답안지는 컴퓨터로 처리되므로 구기거나 더럽히지 마시고, 정답 칸 안에만 쓰십시오
 글씨가 채점란으로 들어오면 오답처리가 됩니다.

전국한자능력검정시험 5급Ⅱ 모의고사 답안지(1)

번호	답안란 정답	채점란 1검	채점란 2검	번호	답안란 정답	채점란 1검	채점란 2검	번호	답안란 정답	채점란 1검	채점란 2검
1				17				33			
2				18				34			
3				19				35			
4				20				36			
5				21				37			
6				22				38			
7				23				39			
8				24				40			
9				25				41			
10				26				42			
11				27				43			
12				28				44			
13				29				45			
14				30				46			
15				31				47			
16				32				48			

감독위원	채점위원(1)		채점위원(2)		채점위원(3)	
(서명)	(득점)	(서명)	(득점)	(서명)	(득점)	(서명)

※ 뒷면으로 이어짐 ↓

※ 답안지는 컴퓨터로 처리되므로 구기거나 더럽히지 않도록 조심하시고 글씨를 칸 안에 정확히 쓰세요.

전국한자능력검정시험 5급 Ⅱ 모의고사 답안지(2)

번호	답안란 정답	채점란 1검	2검	번호	답안란 정답	채점란 1검	2검	번호	답안란 정답	채점란 1검	2검
49				67				85			
50				68				86			
51				69				87			
52				70				88			
53				71				89			
54				72				90			
55				73				91			
56				74				92			
57				75				93			
58				76				94			
59				77				95			
60				78				96			
61				79				97			
62				80				98			
63				81				99			
64				82				100			
65				83							
66				84							

■ 사단법인 한국어문회·한국한자능력검정회

수험번호 □□□□ - □□ - □□□□   성 명 □□□□□
주민등록번호 □□□□□□ - □□□□□□□   ※ 유성 사인펜, 붉은색 필기구 사용 불가.

※ 답안지는 컴퓨터로 처리되므로 구기거나 더럽히지 마시고, 정답 칸 안에만 쓰십시오.
  글씨가 채점란으로 들어오면 오답처리가 됩니다.

전국한자능력검정시험 5급 II 모의고사 답안지(1)

번호	정답	1검	2검	번호	정답	1검	2검	번호	정답	1검	2검
1				17				33			
2				18				34			
3				19				35			
4				20				36			
5				21				37			
6				22				38			
7				23				39			
8				24				40			
9				25				41			
10				26				42			
11				27				43			
12				28				44			
13				29				45			
14				30				46			
15				31				47			
16				32				48			

감독위원	채점위원(1)		채점위원(2)		채점위원(3)	
(서명)	(득점)	(서명)	(득점)	(서명)	(득점)	(서명)

※ 뒷면으로 이어짐 ↓

한자능력 검정시험 5급II

특허 : 제10-0636034호
발명의 명칭 : 한자학습교재
발명특허권자 : 백 상 빈

2014년 8월 10일 1판 발행
2015년 1월   1일 2판 발행
2019년 1월   1일 3판 발행
2020년 1월   1일 4판 발행

엮은이   백상빈 · 김금초
발행인   백상빈

주소 | 서울특별시 영등포구 도림동 283-5
전화 | (02)843-1246
등록 | 제 05-04-0211

도서출판 능률원
정가 14,000원